다른 마음을 보다

다른 마음을 보다

2021년 2월 5일 초판 인쇄
2021년 2월 10일 초판 발행

지은이: 한은미
발행인: 신동설

청미디어
신고번호 : 제2015-000023호 신고연월일 : 2001년 8월 1일
주소: 경기도 하남시 조정대로 150, 508호
전화 : 1855-0415 이메일 : sds1557@hanmail.net

편집 : 신재은
디자인 : 박정미

* 잘못된 책은 교환하여 드립니다.
* 본 도서를 이용한 드라마, 영화, e-book 등 상업에 관련된 행위는 출판사의 허락을 받으시기 바랍니다.

정가 : 14,000원

다른 마음을 보다

한은미 지음

작가의 말

"좋은 사람을 만나면 웃을 수 있단다"
내가 긴 시간 글을 놓지도 못하고 쓰지도 못하고 있는 동안
잠시 생각 속에서 허리에 손을 얹고 넓은 길을 바라보며
고요히 있을 때,
나에게 누군가 그렇게 말해주는 소리가 들리는 것 같았다.

삶이 들려주는 이야기, 인생과 사랑의 행로에 대하여
생각보다 빠르게 부지런히 쓰는 나로 인해 기뻤다.
기다려 주며, 때로는 기대도 했을 날들에
우리들 모두에게,
다른 모습의 집에서 서로의 마음을 바라보는,
조용히 준비했던 내 언어들이 선물처럼 기쁨이 되길 바란다.

2021. 1월.　한은미

목 차

PART 1 다른 시간   **013**

버터가 흐른다
보릿고개
달러장사, 분장실 아지매
뭐라구요, 늦게 핀 꽃도 꽃 맞지요
직업의 변화
우리 딸이 해주었지
생선가시처럼 뾰족한
지금은 얘기할 수 있습니다
옛날에 금잔디
당신은 그렇게 오시더이다
표정을 너무 나타내지 마시라
생략하셨다면
쓸쓸한 시중
손님 접대용
그를 좋아했을 때의 마음 이면
당신을 떠나거든
잊는데 얼마나 걸릴까요
어미 모실 내 자식은 누구인가

비가 내리나니, 님께서 오소서
나이가 드니 신체가 변하더라
토끼와 교토삼굴
비비안리와 장만옥이 겹친다
후회하지 않습니다
예쁜 게 예쁜 짓만 합니다
가을 같으세요
방안의 코끼리
유효기간이 지났습니다
아, 님의 침묵
텅 빈 하모니 선율
외가 친가 방학 나들이
청실 홍실
짱아짱아 놀자
결정보다 쉬운 것들
일 년의 풍경
제일 먼저

PART 2 다른 공간 **059**

요새, 코티지 하우스
새집과 새사람
브랜슨의 그 도시를 걷고 싶다
뒷골목의 인심
베란다 풍경
풍차는 안 돌지만
창문 밖으로
바다 천지였지요, 영종도
사랑하고 있는 연인들에게
3시면 한중일 다 뜬다
골뱅이 골목에서
그를 기다리는 동안
하라주쿠의 젊음, 요코하마의 공예
오메가와 피오르드
내가 당신을 원하던 곳에는
그 빵집, 그 찻집
익숙한 도시의 밤길
누추하지도 않은 동네어귀
산촌에 그림자 접어드니
걸어서 걸어서
만족한 도시를 걸으며
익숙해지겠지요

PART 3 다른 삶

밥은 잘 먹고요, 사물도 잘 지켜봐요
눈물 글썽이지 마
아, 물욕이여
향의 그득함
몸무게와 차
약을 많이 드시네요
제철과일은 무료입니다
부티나십니다
골드바를 모아놓고
미인은 언제나 춤을 추었다
모자 예뻐, 어디서 샀어
About Food
사람이 다르더라, 그렇게
정치인의 메이크업
꽃이 흔들거리거든
감정이 아름다운 여자와 사세요
예의를 가르쳐드릴까요
술렁술렁 얼씨구나

비키시오, 싸구려가 어디 있단 말이오
감성물건은 그렇게 다루지 마세요
아득하지 않아요
진주가 스치는 깊은 까닭
그게 전부인줄 알았던 그때
내 손이 저울이여
나를 위한 기도부터 당신까지의 기도
구두가게와 캠핑도구
합숙과 기숙
샤랄라를 아세요
어머 어머 이건 꼭 사야 돼
그랜드피아노 보다 휘파람소리
경제를 세면서 걸어요
진귀해 보이는데 만져도 되나요
지프차와 티티약
품위유지비의 다른 모습
꽃과 나무들에게
누가 누가 바라보나

PART 4 다른 사랑

내게 아무것도 해줄 수 없는 사람이여
사랑이라 했거늘, 여인네 마음이라 했거늘
서로에게
유려하게 보고 싶어요, 당신
남자친구 여자친구
사랑을 묻거든
내 사람인가요
똑바로 저어가며 봐라
그대와 인연이 있다면
기억에 없습니다
눈앞에 당신
내가 아끼고 있어요
그리 말씀하시면
당신이 좋습니다
제 생각을 읽으세요
어서 오세요. 당신
당신처럼 좋은 사람을
까다롭습니다
나 말이유. 사람 있어
그리움이 더해지면
샌님 같으세요
당신께서 책임질 필요는 없으시지만
계절 나들이

PART 5 다른 시선

삶에 기쁨이 온다면
술 한 잔 사들고 오소서
우리가 나무를 바라보는데,
나무는 우리를 바라본다 하네
우리는 믿었다
나긋이 다가가도 마음은 알아차리네
성공이 얼마나 좋으냐면
홀로 견디게 하소서
오해야, 아는 척 마
심리적 해석
그렇게 말씀 해 주세요
그런 마음으로 행복하잖아요
고상하시네요
너랑 안 놀아
TV 그녀들처럼 살다
예스 또 예스
그깟게 뭐 대수를 판가름할까요
별것 아니에요
누구 앞에서 잘난 척이야
뒤통수는 친구가 때리면 안돼
설명을 해주시면 알잖아요
삶은 보상받는다
재능아 재주를 부려다오
옆에서 살아 줄래요

짓밟기만 해봐라
열을 내리세요
만약 당신이시라면
고마운 인사는 하셔야죠
사람 마음이 그런들
왠지 오래 갑니다
무시하지 마시오
들들 볶아쳤습니다
따르시고 거절하세요
지독하시군요
이해하기 까지
아무튼 감당하세요
실핏줄 보이며, 모른 체
앙드레지드의 좁은 문
괜찮은 것처럼
들꽃도 들여다 봐
잠자는 숲속의 뚱보처럼
새벽에 내리는 비
내가 할 수 있던 것
기억에도 없는 사연
결국 자신입니다
관조하듯 말하리라
인생의 비밀

PART 1
다른 시간

버터가 흐른다

웃음부터 웃자 내가 웃을 수 있는 가장 태연한 웃음으로

산다는 것이 복잡하고 힘들어 다들, 소리로만 듣던 노래를
춤으로 보고 표정으로 얼씨구나 느끼며 이 숨내나는 세상 털어보자는
트로트가 난리입니다.
아, 모란이 동백이
노래 소리에 마음이 눈부셔집니다.
젊은 남자들이 나와서 옛 노래를
그 시절 가슴 저미는 노래를 부르는데 어찌
"저 젊은이 말야. 볼이 빵빵해서 버터가 흐르지 뭐야.
볼이 맨질해 버터가 흔든다이" 하고
"별빛이 흐른다"는 "버터가 흐른다"는 할머니의
귀청에 이 세상의 버터와 별빛을 함께 흘려봅니다.

보릿고개

어린 시절 많이 듣던 그 단어 보릿고개를 한참을 잊었습니다.
보릿고개를 겪었던 아버지의 흥남부두에서 거제도,
부산까지 피난살이 했던 그 시절의 이야기가 전부입니다.
진성 가수가 어린, 사랑스런 정동원이 부르는
그의 노래 <보릿고개>를 듣고 너무도 차분한
모습으로 눈물을 훔치는 것을 보며 마음이 시큰합니다.

누구나의 인생에 힘든 시절은 없겠는가.
구구절절이 출연자의 사연을 들어보면, 아프고 시립니다.
힘든 시간 정말 '아무도 없다'라고 느꼈을 때
나는 아스피린과 고추장 그리고 정동원의 노래를 들었지요.
아스피린을 많이 먹어서 배가 나른해지는 부작용까지 견딥니다.

보릿고개든지 인생의 고난이든지
당신도 버텨라. 말초신경 진저리치게

달러장사, 분장실 아지매

세상이 돌고 도는 것은 맞는 듯합니다.
다시는 내 것이 안 될 거라고 믿었던 것들이 때로는 내 것으로 오고.
어릴 때 부산의 아지매는 한쪽 방에 여러 가지 물건을 쌓아놓고
가끔 아줌마들이 드나들기도 했더라.
어린 내 눈에는 무엇인지 잘 모르겠으나
방구석 재밌는 장면 같습니다.
미닫이문을 스르르 열고 키 작은 아줌마가 물건을 안내하면,
영어로 슐라슐라 써있는 코티분, 구루무 그리고
향이 좋은 커피와 땅콩잼을
사기위해 고르고 고른 아줌마는 고쟁이에 돈을 찔러 넣고 깎아요.
방송 일을 처음 시작하고 분장실의 장면에서도
비슷한 광경을 목격했죠.
제법 경쾌한 차림의 무명배우가 한 무더기의 무대 옷을 들고 와서는
드라마 촬영을 위해 대기하면서 분주한 배우들에게
하나씩 눈도장 찍으라고 옷을 퍼질러 놓는데.
오늘날 구제나 재고상품의 다양한 영업방식이 그 옛날의 본뜨기.

뭐라구요, 늦게 핀 꽃도 꽃 맞지요

자식 여럿 낳고 기르며 살다보면,
잘되는 자식도 못살아 징징대는 자식도 그야말로 가지가지
열손가락의 자식이 다 잘살아 떵떵거렸으면 좋겠는데
"금 나와라 뚝딱" 도깨비 방망이 쥐어줄 수도 없고
그렇게 잘 안 풀리는 자식에게 어느 날 지천명 넘어
금단지 같은 행운이 찾아들었다면 얼마나 좋을까.
하지만, 누구는 그렇게 말하리라.
그 파릇한 청춘의 날들과 그 중후한 중년의 시간에
쇠고기 한번 씹기도 힘들어 푸줏간의 뒷고기 사먹으며
보냈던 그의 인생에 웬 떡이냐 했더니
지금이라도 천만다행인줄‥‥‥
"밥풀때기 못 먹던 시절에 고생사 남루하고.
성취 거머쥔 날의 비루한 시절 옛얘기 미담 되고"
늦게 핀 꽃도 맞아요. 꽃 맞지요.
그때서야 서러움 말해야 남들이 솔깃합니다.

직업의 변화

KBS교양프로 바른말 고운말 원고를 쓸 때
아나운서국을 많이 오갔습니다.
바르고 교양 있는 아나운서의 행동 지침대로
그들은 반듯한 정돈된 모습으로 아나운서국을
지키고 있습니다. 별반 일반 사무실과 다르지 않은.
말은 곧 교양인 것처럼, 그들의 옷차림도
그들의 걸음걸이도 모두 똑바른 모습이었습니다.
업무배당판에는 그들의 업무가 나란히 표시되어
있고 1분 1초도 틀림이 없어야 할 뉴스캐스터의
알림까지 정확했고 사무실은 정적인 느낌입니다.
지나치게 옭아매면 반란을 일으키듯,
정석된 직업의 반란은 텔레비전의 무한변신만큼
아나운서의 장르를 변화시켰습니다.
쑈쑈쑈 만큼이나 다르게 더 몰라보게 더 특이하게 애쓰고 있답니다.
어처구니없는 장발 단속이라든지 통행금지 같은
시대의 제한이 직업의 다양성으로 모범생으로 불리워진
아나운서에게도 적용 되었습다.
시대가 엔터테인먼트를 원한다잖아요, 글쎄.

우리 딸이 해주었지

자식을 키워 본 사람은
자식만큼 이쁜 게 어디 있냐고 합니다.
자식을 키우지 않은 사람은 태평하게
무자식이 상팔자라고 합니다.
둘 다 정답이라고 하니까,
누구는 자식 안 낳으면 나라는 누가 살리냐고
되묻습니다. 나름대로 해결책 찾으십시오.
아들을 편애하는 세상은 어느정도 달라졌습니다.
새벽배송 시작되었습니다. 할머니 댁
새벽 아침에 딸이 보낸 인터넷으로 장바구니 담은
가득 먹거리 왔습니다.
"어머 할머님, 인터넷 배송하시네요."
"아이구, 우리 딸이 해주었지. 내 딸이야"

생선가시처럼 뾰족한

노가리만 보면 아버지가 생각이 납니다.
아버지가 노가리를 말하셨을 때 그 당시에는
그 노가리가 명태 새끼인줄 몰랐습니다.
생태를 얼린 것이 동태이고 건조시킨 것이 북어이고
말랑히 구워 뜯어먹는 노가리는 노릇노릇 맛도 있어요.
냄새 날아옵니다. 레인지 불에도 꽤 잘 굽습니다.
생선을 굽고 나면 냄새도 냄새지만 그릇 설거지도
귀찮아 조림이나 찜으로 요리방법을 달리하기도 합니다.
바닷가의 그 깊이만큼이나 가시를 중심으로 통통하게
살찐 방어와 삼치 그리고 민어를 구워 놓은 밥상을
무엇에 입맛 살리리.
생선가시를 입에 발리면서 문득 바닷속의 그 많은
어획량을 생각하다가,
생선가시 뾰족한 날카로운 선에 삶 거스릅니다.

지금은 얘기할 수 있습니다

하나하나 지그시 바라봅니다.
뒤돌아 지금 볼 때는 정확히, 선명히 봅니다.
보이지 않은 것처럼 제대로 살피지도 못한
내 힘겨운 시간에는 눈여겨보지 못한 것입니다.
풀잎이 번쩍 넓어지는 성장,
꽃들이 오목하게 뭉치 되어 암술수술 모여 있는 개화
지나가는 사람들 옷매무새 다듬는 사각 소리.
다 아니 들렸습니다.
물론 내가 지금 지독하게 아프다는 소리는 더 못했죠.
깔깔 웃으면서 그러려니 할까 봐.
아니, '좋은 날'에 들려주면 아름답게 들을 소리를
까마득한 그날들에 하면, 초라한 사람처럼
혀를 차며 깔깔될까 봐 여몄습니다.
애잔한 날들은 가고 지금은 말할 수 있습니다.
당신도 저장했다가 푸념 늘어놓으세요.

옛날에 금잔디

KBS가 자리잡고 있는 MBC가 조금만 걸으면 위치해 있는
사람이 사는 동네라기보다 증권맨이 성장해 가는 도시.
벚꽃으로 유명한 윤중로의 여의도지만 방송일을 하는 사람들은
그렇게 여의도 바닥을 어슬렁거리며 재능개발 했습니다.
많은 방송국들이 상암동으로 이전하기 전, 종편채널이 막 시작할 때
방송관계 이사장님과의 인터뷰 기사를 썼습니다.
워낙 많은 방송 작품을 하신 분이시라 정확히 방송환경을
직시하셨고 거듭 다짐하셨습니다.
"옐로페이퍼 같은 것, 어느 순간에 시청자들의 마음을
바로 읽으면 기관이나 단체가 나서지 않아도 자정 될 것입니다"
종편채널은 점차 적응을 더하며 칭찬받게 변신중입니다.
내 공간에서 "세상 좋구나"하며 돌리는 채널들이여.
옛날에 금잔디, 동산에 무지개 시절에도
시청자들은 "TV는 재밌어 했단다"
딸꾹질 멈추게 아이부터 어른까지 보는 방송세계 기억하시라.

당신은 그렇게 오시더이다

틀어 올린 머리에 기다랗게 주황색 비녀를 꽂은 채로
눈썹은 눈꼬리를 올려 야시시한 얼굴에 지그시,
다듬어진 아미 아래의 볼은 동그랗게 홍조로
보는 이의 마음 들었다 놨다.
평양기생처럼 착착 감기는 애교는 물론 없지요.
꼬고 앉는 색다른 몸 자태도 나는 더할 줄도 모르지요.
살살 녹는 말로 당신의 입을 후딱 벌어지게 하는
재주는 물론 당신의 정신을 혼미하게 하는 일 역시
젬병이오. 헌데 당신은 내게 오셨지요.
"왜 아직 애인이 없었지, 정말 애인 없길 바래."
그이에게도 쑥스러움이 있는지 껌이 가득한 차안,
"껌이야 끔이야" 당신이 웃겨 에어컨 바람 훅훅
<사랑의 품격이 무엇일까> 하는 듯.
당신은 무슨 모습으로 내게 오셨나요?
"나 정도면 됐지"
내가 좋은데 무슨 상관입니까. 황송합니다.

표정을 너무 나타내지 마시라

표정을 그렇게까지 적나라하게 나타내서 뭐가 좋으냐.
나라가 어수선해서 정부의 대책이 이리저리 갈피를 못 잡고
나라님, 내당 네당, 여당 야당 각종 정책을 내놓고도 욕먹기 일쑤.
땅 가진 부자 누구냐, 아파트 몇 억 들쭉날쭉
약간 소박하나 착하게 살기만 했던 서민 사람살이는 그래도
대책이 대책이고 정부지원이 고작, 허긴 정치는 모릅니다.
나라의 위기로 국민을 위한 여러 대책으로 고심한 가운데,
정책이 도마에 오르자 드디어 표정이 변해지더니,
언론은 이제나저제나 당 날선 표정 서슴없이 보도합니다.
그 부드러운 표정대신 화난 인상이 드러났다고 지적합니다.
아무리 착한 사람이라도 아닌 것, 아니 될 것, 내 의견과
너무 상반된 것 앞에서는 표정이 숨겨지지 않은 채 드러납니다.
그래도 드러내는 순간 숨겼으면 당신은 명품인 척.
털털털 웃고 표정 실토금지입니다. 자, 그럼 시작하세요.
당신 집값은 제대로 체크돼야 부동산 정책 갈 길입니다.

생략하셨다면

야릇하기도 하셨죠.
별나기도 하다 했었죠.
아니요. 궁금증 증폭입니다.
그 뜻인가 이 뜻인가 잘 이해가 안 가셨나요?
물론입니다.
다 빼고 건져내고 지우고 얼기설기로
마무리 했는데, 당연히 모르죠.
모르는 것이 약이라는 말도 있는데
그건 또 싫으신가보네요.
맞습니다. 알기나 하고 모른 척 합시다.
눈감아도 보이는 것들
스쳐도 지극히 마음 다치는 것들
좋아 소리쳐서 그 자리에 있게 하고 싶은 것들
다른 마음에는 달라진 심사에는 바라보기만 한 것들
자. 건배를 생략하셨다면 큰 의미는 놔두고 짠!
변한 것은 없습니다. 마음에 오롯이 새겨졌습니다.

쓸쓸한 시중

궁궐에는 오랫동안 믿어왔던 공주님이 살고 있었습니다.
누구도 공주를 의심하지 않았고
누구나 공주의 차분하고 정겨운 마음을 숭배합니다.
공주가 살고 있는 그곳은 아무나 함부로 들어갈 수
없는 곳이었고, 고귀하고 숭고한 나랏일이 매우 흡족
하게 이루어지고 있다고 생각했습니다.
궁궐이 어지러워지고 나서, 왕이 내몰린 후에도
보좌하던 신하는 말했습니다.
"운명이라고 생각한다. 끝까지 모시겠다."
더 대단하게 보필하고 싶고 더 신중하게
전달하고 싶어 되받아 쓰고 겹을 더해
업무에 충성을 다했다지만,
왕을 잘 모시려 했을진대, 왕이시여.
왕께서 완전 믿은 한사람을 따돌리지 못한지라,
빨리 나오십시오. 애석합니다.

손님 접대용

사회문제라고 생각하십니까?
사회문제라면 나라가 궁리하겠죠.
커피믹스 가득 준비합니다.
아주머니의 손님은 달콤한 커피를 좋아하시나요.
시작합니다. 모아모아 큰 양푼에 믹스커피 다
모조리 봉다리 뜯어 붓습니다.
출렁출렁 플라스틱 컵 들어 손님을
위해 그윽한 찻잔에 열 잔씩 만듭니다.
알츠하이머에 손님 접대용 치매있답니다.
아침에는 늙은 아주머니, 오후면 커피 만들며
손님접대용 치매로 없는 손님 맞이합니다.
폭력성 치매도 있는데, 요양원도 아니 받아줍니다.
초로 치매는 뜬금없는 상상초월입니다.

그를 좋아했을 때의 마음 이면

그녀의 젊은 날, 사랑은 사랑이 아니라
조건을 따진 필요에 의한 선택이었습니다.
단지 그 사람이 필요했을 뿐, 필요충분조건.
내가 갖기 힘든 것을 가진 사람, 그리고
내가 어쩌면 가질 수도 없는 것을 가진 사람.
지나고 보니 사랑이 아니라, 하나의 허욕인 것을.
왜 가질 수 없다고 생각했을까.
한참을 그 고민을 하며 후회를 감지합니다.
후회 없는 편인데도, 그 젊은 날에 모두다,
다시 가질 수 있다는 생각을 왜 못했을까.
한사람을 바라기도 했을 때 착각했을지도 모르지.
" 사랑이야"하며 자신에게 우쭐했을까.
한사람을 원했을 때의 어리석은 눈은 그저
날들이 가고 "조건만이 탐났어"하며 부라립니다.

눈감아도 보이는 것들
스쳐도 지극히 마음 다치는 것들
좋아 소리쳐서 그 자리에 있게 하고 싶은 것들
다른 마음에는 달라진 심사에는 바라보기만 한 것들
자, 건배를, 생략하셨다면 큰 의미는 놔두고 짠!
변한 것은 없습니다. 마음에 오롯이 새겨졌습니다

당신을 떠나거든

잡으려 하지 마라. 이미 생각이 떠났다.
붙들려 하지 마라. 너와의 애착은 그만이다.
뭐 그리 사연이 많았다고 못 잊을거냐
뭐 그리 성탑을 쌓았다고 징하게 우느냐.
초라한 그의 모습을 훗날에 보려거든
너부터 먼저 앞서 걸어라.

이제부터 부르고 싶던 당신의 이름은
제 갈길 찾아 서서히 문 닫습니다.
사랑했던 사람은 너를 절대로 아프게 하지 않아요.
사랑했던 사람은 너의 아픔을 보는 게 허무해.
하여 절대 너부터 아프게 하지 않느니라.
당신을 떠나거든, 마음에 놓지 않고 싶던 사람이
당신 앞에서 저만치 걸어가거든 뒤통수 못생겼다고 째려라.

잊는데 얼마나 걸릴까요

어찌 잊혀질까요.
잊을 수 없어 마음 한구석에 내팽개쳐
놓았을 뿐, 아니 그저 꺼내지 않았을 뿐이죠.
설레기도 했던 사람을,
소중했던 익숙한 물건을,
기억에 담았던 애잔한 말들을,
그리고 내 청춘에 한모서리처럼 부딪던
여러 가지 삶의 편린들.
잊는데, 잊어지는데 시간이 얼마나
필요한지 가르쳐주실래요.
아찔하게 스쳐간 잊어야 할
내 온몸을 타고 내려간 아스라한 혼란.
깐깐하게 내몰아치세요.
그래도 잊는데 오래 걸려요. 놔두시면,
그런데 꼭 잊어야 좋기만 할까요?

어미 모실 내 자식은 누구인가

"이렇게 좋구나, 난 너무 살판난다."
먹을 것도 이리 많고, 넘칠 정도는 아니어도
이리 풍족하니 아주 좋구나.
여름 겨울에 나오는 냉난방비만 절약하면
난 부족한 걸 느끼지 않아.
자식 잘 낳았다고 생각하는데, 가만있자.
그런데 나를 모실 자식은 누구인가.
자식이여, 너는 내 자식 맞다.
나를 모셔라. 요양원 싫고 내 집 좋으니,
"나의 자식아 니가 나를 모셔라."
내가 더 늙어 부축도 필요하고 거동도 힘들면
니그들이 나를 모셔주면 참 좋겠는데.
난 자식 잘 키워 남들이 부러워하는데
정작 늙은 어미 모실 자식을 뽑을 수가 없구나.

비가 내리나니, 님께서 오소서

마음하나 궁금해 약속했던 것만 기억하듯
생각이 나면 등 뒤에서 울지, 왜 쓰라리게 아파.
기억마다 눈시울 적시는 연애처럼 소식은 없는데
처음 다가왔던 정까지 불러들여 흐릿한 빗줄기 세지는데.
그토록 비만 내렸다.

내리는 빗물소리 당신도 들으시는가.
예컨대 입술로 전하지 못한 스미는 마음의 소리
보고파하는 마음만큼이나 비는 온통 마음 휘젓습니다.
창문에도 내리고 당신의 공간에도 척척히 내려,
어쩌면 당신을 부르지 못하고 애만 타는 내 심정에 내립니다.
비오는 날에 나를 찾아올 생각을 그 사람이 할까.
마음이 보이지 않으니 어찌 알까. 창호지가 날렵해집니다.
비가 내리나니, 님께서 빗물타고 내게 발걸음 옮겼으면.
모르는 척하기에는, 무척이나 당신을 생각한 비 내리시는 날

나이가 드니 신체가 변하더라

나이가 들어도 피부에 잔주름 없는 것 보니 타고 난 피부
맞습니다. 끈적여 앰플 한 번 안 바르고 살았는데
"야, 늙으면 다 똑같아. 예쁘고 뭐고 다 필요없어"
젊은 날 아름다움으로 뭇 남성들을 들뜨게 했을 그녀의 미를 거들자
시샘 나듯 던지는 친구의 말이 아주 농은 아닙니다.
늙어보니, 거기서 거기다. 예쁜 사람의 주름은 더욱 깊어집니다.
다만 말씨가 고상하거나, 솜씨가 고상하거나,
생각하는 태도로 그분이 아름다워 보이기도 하죠.
제발 건강하게 늙어다오.
나이가 드니 신체에 변화가 들쑥 오기도 합니다.
내가 이런 말을 할 정도로 늙었나 할 정도로 많은 곳에서
이상한 잡티들이 불쑥거리다니.
알게 뭐야, 이 나이에 좀 변한들 문제 없다구.
이왕이면 영원히 깨끗하고 싶은 피부여, 손이여, 맘속이여.
산다는 것은 받아들이는 것이다. 우리의 신체가 나이로 인해
조금 미워졌다고 한들 내가 아니란 말인가.
제발 "늙는 소리 들려"하는 한탄을 멈추시라. 다 늙습니다.

토끼와 교토삼굴

토끼는 남이 낸 길을 가지 않고 자기들이 만들어 낸 길로만 간다.
'교토삼굴'이라 해서 굴을 세 개씩이나
파놓고 있기 때문에 위기에 처해서도 죽음을 면한다.
햇살이 쏟아졌으면 좋겠습니다.
내가 나에게 반드시 마음 보냈던,
손가락 펴 여울져보며 기웃거리지 않습니다.
가까이 다가가 그 길에 고개 닿습니다.
오 토끼여! 옅은 빛이 오는 그 세계가 찬란하기만 하다고 믿고 또 다른 세계라는 것에는 생각이 없었을까.
어쨌든 한 번 마음이 그쪽으로 쏠리면 우리는 어쩔 수 없는가.
마음이 붙드는 원하는 것을 시도하지 않으면 계속 갈등하리라.
과연 자유로운가. 빛 따라 움직이지 않았으면 그런 후회 없다.
정해져 있는 길이라 해도 모험을 하니,
괜찮아라, 원이나 없으려나.
그대 꿈꾸지 않는가, 하고 싶은 것 하시라.

비비안리와 장만옥이 겹친다.

봉준호 감독의 말씀대로 흑백영화가 주는 묘미는
또 다르죠. 기생충 흑백판을 만드는 까닭이 있습니다.
지금처럼 모든 미디어의 활성화 시대가 아닌 시절에는
영화 한편에 마음이 쭈빗했습니다.
마치 사람들이 다 아는 영화를 나만 못 보면
뒤쳐진 것처럼 남이 하는 것을 나도 해야 하는
하나의 필수요소이기도 하려니,
<위대한 개츠비> 한참을 영화를 보다가 뒤를 쳐다보면,
커다란 유리창에서 뻥튀기 같은 기계가 돌아가고
거기서 빛을 쏴서 영화가 돌아가는 신기한 장면 엿봅니다.
콧수염 달고, 파이프 담배시절 얘기로 영사기 돌아갑니다.
날카로운 턱선과 눈꼬리의 기막힌 눈동자를 가진
비비안리의 워털루 브릿지, 흑백 영화 <애수>는
전쟁의 비극보다 전쟁의 암흑기를 실감시켜 돋습니다.
컬러의 발전으로 장만옥의 <첨밀밀> 보면서
촌스러운 영상시대 아닌 지나치게 애련한 마음이 스미는
장면에 몰입합니다.
흑과 색은 다름을 뭐로 나눕니까.

후회하지 않습니다

다시 돌아갈 수 있다면 얼마나 좋겠습니까?
그때 내가 못했던 것도 다시 해보고
잘 안되었던 것도 다시 잘해보고
다시 돌아갈 수 없는 게 여한이죠.
아닙니다. 다시 돌아가고 싶지 않아요.
현재 이대로가 좋아요. 다시 돌아간다고 해도
달라질 것 없을지 몰라요. 또 돌아서
그 인생 살라고 하면 나는 싫어요.
굽이굽이 삶의 흔적이야 누군가의 삶에도
실타래 없겠는가.
죽을 만큼 싫은 것도 탐탁지 않은 것도 내 것인 게 있고
꺼내서 뒤집어 보여주며 이걸 얻기 위해
얼마나 그때 힘썼는지 눈시울 적시우기도 합니다.
청춘이여. 우리는 후회하지 않습니다.
청춘들이여. 다시 쓰지 못할 당신들에게 들려주나니,
다 때가 있다고 말하는 우리네 인생,
한세상 살다보니 좋은 날이 더 많았습니다.

예쁜 게 예쁜 짓만 합니다

참 잘난 자식도 많다지요.
누가 낳았는지 그 엄마는 참 좋겠구나.
옛말에 딸 잘 낳으면 비행기 타고 다닌다고 하더니만
그 말이 아주 헛말은 아니었구나.
잘난 딸 시집 잘 가 어미에게 귀한 것 사다 바치고
그것뿐이겠습니까. 왕창 개비해 준다고요.
개비 아시나요? 새로, 새로이 다 사준다고요.
잘난 자식이 내 생전 못해본 것 다 해준다잖아요.
대궐 같은 집으로 바꿔주고, 삼시세끼 풀칠도 어려운
내 살림의 꾸덕진 손에 매끈한 꿀 발라준다지요.
딸이 예쁘다고요.
아들 낳아 보소, 그 든든함에 보이는 것 없소.
예쁜 자식이 예쁜 짓할 때만 고맙지, 키우는 동안
세월 이기는 장사 없듯이 효자만만세를 청하지는 않았소.
원도 없이 부모께 잘하고 싶다고 하잖소.

가을 같으세요

무슨 말이야, 가을. 미칠 것 같은 마음 말이에요.
문득 야속해 누구에게 투정부리고 싶은데 그럴만한
사람이 아무도 없는 마음 말이에요.
덩그마니 떨어진 나뭇잎이 지가 떨어지고 싶어
떨어졌지, 내가 떨어트린 것 아니잖아 하면서,
계속 나와 상관없는 마음 말이야.
사랑이라고 생각했던 것들이 나중 알고 보니,
사랑은커녕 우울감만 증폭시키는 오한이 덜덜
떨리는 미움이 되는 거 말이에요.
무슨 말씀이세요.
가을은 너무 짧아 보내기 싫을 정도로 마음에
온갖 촉각 입히고 있는데요.
가을 같다는 것은요. 내마음속에
당신을 오래도록 간직하고 마는 바로 그것이죠.

방안의 코끼리

말을 안 할 뿐이지 타인이 알고 있는 것을
왜 어찌 제가 모르겠습니까.
내색을 안 할뿐이지 당신도 알고 있는 진실을
그인들 어찌하여 모르겠습니까.
알고 있습니다. 치밀하게 압니다.
"아니다 싶으면 빨리 다른 길을 찾아야지,
안 되는 것을 붙들고 왜 그렇게 늘어져 살아"
예술을 하는 많은 사람이 들어봤을 도대체가
결과가 보이지 않는 능력발휘의 성과는 답도 느리죠.
드디어 가까운 사람이 입 털고 나섭니다.
꼼짝 않고 듣는 가장 자신을 잘 아는 사람은
그 방안의 코끼리의 큰손과 눈 스쳐갑니다.
"선생님 우리 아들은 아직 철이 없나 봐요.
취직할 생각을 안 해요" 제자 어머니 말씀에
"제가 그 아이를 알잖아요. 때가 올 겁니다."
"마치 선생님 아들을 제가 흉보는 것 같았네요."
어느 시간에 더뎌도 오긴 올 겁니다.
우리가 살아본 인생이 마치 그렇잖아요.

유효기간이 지났습니다

여러 가지 커피를 내리는 기계가 있는 것 보면
오래도록 시음을 위한 준비입니다.
유리병모양에 길게 뽑는 커피메이커부터, 메탈로 된
각종의 텀블러. 캡슐로 만드는 커피 맛, 드립커피까지
외국에 다녀온 가족이 원두커피를 사와서 한참을
아끼다가 커피가 떨어져 초록색 커피집 향합니다.
친절하게 이전에도 커피를 갈아준 기억이 있어
가장 상냥한 모습으로 원두를 내밀어야지 하며,
역시 큰 곳은 달라. 원두를 채워 넣지 않은 기계로
즉석에서 갈아주고 매듭은 얼마나 단단한지.
돌려가며 커피를 점검하더니,
"이 커피는 유효기간이 지나 못 갈아드려요"
재차 원두채로 먹을 수 없으니 그라인딩 해달라고 해도,
역시 규정이라고. 아낀다고 이제야 커피가루 만들러 왔는데.
아무리 좋아도 정해진 유효기간 커피부터,
아무리 좋아도 이미 시효가 넘기면 쓸모없습니다.

아, 님의 침묵

시인이 되고 싶다라는 생각은 좋은 시를 읽으면,
항시 합니다.
"아아 님은 갔습니다."
한용운님의 님의 침묵을 배우면서,
그 님의 대상이 나라라고 국어선생님은 해석하셨습니다.
한동안 내 감정이 바싹 낮아들던 순간.
예민한 감정선에 '님은 연인'이라고 생각했었으니까.
님이시여,
사랑하는 사람에게 사랑을 말하지 않고
떠나지 마시오.
떠나는 마음을 매우 낱낱이 설명하고 가세요.
님이시여,
사랑하는 사람에게 그리움은 없다라고 말한 후
떠나시오. 이유인즉
그리 가시는 님은 잊을 수 있으니까요.
"님이시여. 얼굴 한번 마주쳐 살펴보고 가십시오"

텅 빈 하모니 선율

사람들은 악기다루는 남자를 멋있다고
말하죠. 악기가 참 많더군요.
악기 다루는 그 남자의 손에 눈이 가기도 하죠.
남자의 손에 마음이 가던 날들이 있었는데.
심장 뛰게, 감정 뒤집어지도록,
당신의 입으로 할 수 없는 말을 읊조리세요.
악보가 말하는 콩나물 음표에 도돌이표마다
당신은 자꾸만 음을 치세요.
텅 빈 마음에 선율을 들려줄 때마다,
제가 무슨 생각을 한줄 아세요.
악보의 음색은 당신 마음보다 우아 우아해서
혼돈이 와요. 메트로놈 선물하세요.
린다 론스타드의 Long Long Time 울립니다.
영리하고 온화하게 가득 차게 선율 퍼집니다.

외가 친가 방학 나들이

창호지로 바른 커다란 문은 잘도 발라져 문짝을
자세히 들여다보면 결만 봐도 여름의 열기가
스며들 듯 서늘하게 아름답습니다.
여닫이문이 달고 있는 동그란 쇠고리는 여름의 잔해를
알려주기라도 하듯 매미소리를 안고 삽니다.
풀 쑤어 잘 바른 창호지 문을 두 손 펴 열면
뒤란의 배경이 한눈에 들어와 잔가지 늘어진
여름의 나날들이 창문으로 들어오는데 아, 시원해.
원목을 길게 나란히 줄을 맞춰 평상을 펼쳐 놓은 듯
큰 마루가 건넌방 마루와 이어져 작은 마루가 있는데요.
작은 마루에는 도르래를 이용하여 위로 올리는 쪽문을
이용하여 연탄 갈기에 바쁜 오래전 엊그제 같은 풍경.
윗목 아랫목을 가르는 온기를 판가름하는 연탄 난방이
한겨울이면 미끄러지지 말라 잿빛 연탄재 잔뜩 뿌려요.
외가 친가에 놀러가 며칠씩 방학 내내 놀다 오는
외가댁 나들이는 짧은 인사로 여운이 남기는커녕,
특강 절대 빠지지 말라는 그 말로 대신합니다.

청실 홍실

무턱대고 왁자지껄 쳐들어갑니다.
아무 말 미리 하지 않고 그냥
둥실둥실 팔꿈치로 잔칫날 반겨 밉니다.
있는 샛별, 뜨는 왕별 다 갖다 바쳐
마음 흔들어 놓고 "두고 보자" 울립니다.
아니 되는 일이 어디 있습니까.
해보고 나야 마음에 미련퉁이 아니 되겠지요.
청실홍실 매어본 사주단자 들고 온
함진아비들 소리에 동네가 떠들썩합니다.
민들레가 피어오른 가로등 한쪽 귀퉁이에서
들리는 소리 귀 기울이세요.
처음부터 사람인생 혼자로 시작했고
살다보니 땡전에서 산더미짱 되는 살가운 인생
당신 얻어 청실홍실 이뤘으니 더 이상
바라는 것 없소. 같이 있어주겠소.

창호지로 바른 커다란 문은 잘도 발라져
문짝을 자세히 들여다보면 결만 봐도
여름의 열기가 스며들 듯 서늘하게 아름답습니다.

짱아짱아 놀자

내 어릴 때는 동네에 커다란 누렁이가
대문을 지키며 가끔 꼬리를 흔들었습니다.
다가가 털을 쓰다듬는 사람도, 주인장
마음 씀씀이 뼈다귀 음식도 싸다 먹이곤 했죠.
어느 날부터 우리 집에 함께하는 애완동물이
되었습니다.
아이는 엄마 곁에서 혼자 잘도 걷습니다.
엄마는 귀여운 강아지를 품듯이 포대기에
싸서 안고 갑니다.
엄마가 강아지를 더 사랑한다는 생각은
하지 않습니다. 보호하는 거라고 생각하죠.
짱아라는 강아지는 세상이 아름답다고
생각할까요? 사람이 아름답다고 생각하겠죠.
짱아를 위한 예방접종도 해주고, 주인이 최고죠.
참 기쁜 세상을 만나면 그리하여 살맛나죠.
똑바로 제대로 만나야 합니다.
당신께서도 그런 분 만나시면 됩니다.

결정보다 쉬운 것들

눈 꿈쩍도 안하는 버릇은 언제부터인지요.
사람 똑바로 안쳐다보는 것은 원래 그러시나요.
간절한 것들 참 많기도 했습니다.
가로등이 하나 둘 켜져 가는데 아무것도 결정이
나지 않은 상태로 먼 곳을 바라봅니다.
산다는 것은 아니, 살아간다는 것은
숨소리 터지게 간절하게 부여잡으며,
또다시 무언가를 내 것으로 만들 거라는 기대를
매일 하는 것인가 보오.
이젠 그런 것들에 연연하지 않으면 좋겠는데.
정말 어지간히 어느 정도로 애끓으며 애써가며,
그런데도 그 자리일 때의 당신을 알고 있습니다.
부채를 펴고 숨어들지 마시고, 접어들고 채워가며
나를 위안하셔도 됩니다.
감히 내 삶에 끼어들던 낯선 맘 다 이겨갑니다.
결정했을 때 더 좋은 것을 놓쳤을까 신경 쓰지 마요.
당신의 삶의 길 수월히 가시길 바라옵습니다.

일 년의 풍경

가장 소중한 것을 위하여 기도를 드리고,
만물에게 부지런하겠다고 약속을 합니다.
언 땅이 서서히 풀리자 사랑의 힘이라도
받은 것처럼 시작합니다.
봄은 봄이라서 좋다네 하며, 환희에
여름이 오면 내 좋은 사람을 만나
신이 나게 줄 수 있는 사랑의 신호를
잔뜩 보냅니다.
여름비라도 내리면 같이 우산도 씁니다.
트렌치코트만 걸쳐도 마음이 스산한
나날에는 아랑곳 않던 지난 애착 끌어드려
조금은 덜 아릿하려 애씁니다.
오, 겨울이여. 잘 살았던 일 년이라고
나에게 만족하는 달력을 새로 바꿉니다.
어찌 사느냐고 묻거든, 태어나서 산다고
말하기에는 무책임해 머뭇거립니다.
주저하지만 노골적입니다.

제일 먼저

그러실 줄 알았습니다.
아마도 아니 그러실 줄도 알았습니다.
마냥 기다리기도 했지요.
오는 당신으로 다신 눈물을 닦을 수도 있을 거라는
다시 '그런 사람이구나' 도 했습니다.
글썽이는 나의 눈물은 당신과 상관없죠.
좋은날에는 오는 사람도 많고
기쁜 날에는 저마다 같이해요.
힘든 날에는 저만큼 서있는 타인이
수두룩해요. 그게 세상의 인심인 것을.
그래도 당신이라는 사람이
내 마음으로
제일 먼저 올 줄 알았습니다.
허무하기는커녕 그냥 지워버립니다.
어쩌죠. 이제 웃는데 왜
거기서 살짝 나타납니까.

가장 소중한 것을 위하여 기도를 드리고,
만물에게 부지런하겠다고 약속을 합니다.
언 땅이 서서히 풀리자
사랑의 힘이라도 받은 것처럼 시작합니다.

PART 2
다른 공간

요새, 코티지 하우스

처음 그녀를 봤을 때처럼,
깨끗했고, 단정했고, 발 디디기에 조심스럽습니다.
이 거리를 오기까지 집은 삶의 공간이었을진대.
누가 처음부터 차별해 놓아
뭣이 다르게 구분해 놓아 쪼개집니까.
올라가고 올라가도 다른 구석이
나오니까 내가 지금 여기 왜 왔나 합니다.
요새지역 코티지 하우스 염두에 두고 계신지요.
살다가 쪼금도 거슬리는 부분 없도록
내가 지은 나의 집에는 창문틀 살피세요.
창문을 열면 누군가 나를 볼까 염려 없는
나의 나만의 내 집은 틈 사이 견고하기까지.
블라인드 올립니다. 특징 아시나요.

요새의 특이사항은 가리지 않고도
흐릿하지 않은 채로 덮어주는 미덕입니다.

새집과 새사람

새집 증후군이라니, 그 사람 떠난 자리에
새사람 증후군은 없는데.......
새집을 살아본 사람은 정말 새것이
얼마나 좋은지 흠뻑 빠져듭니다.
집수리를 하고 난후 삶의 새로운 혜택에
절로 기분이 좋아지는 것은 당연지사.
그리하면 사람도 새사람이 좋으려나.
오래 내게 인연이 되어 내 삶의
여민 마음 아픈 마음 서러운 마음 다
헤아리고 보듬어 준 내 오랜 사람보다
새사람이 더 좋냐고 물으시면,
아닌 척 하면서도 결국 얼굴에 남은 삶의 자취
다 보이거늘.
새사람은 아는 척 당신의 인생에 꽃비만
줄곳고 자꾸 추근댑니다.
사람 물속 어느만큼 겪어봤냐고.

브랜슨의 그 도시를 걷고 싶다

차분하고 섬세하며 흥미진진이 함께하는 도시.
할머니의 산책은 힘들어, 가다가 서고 가다가 앉고.
저만큼 가려하면 몇 번을 앉다가 쉬어 갑니다.
보내온 시간만큼 숨고르기도 헉헉대지 않고 그저 기운 없는
고요한 주택가와 관광의 즐거움이 공존하는 Branson, Missouri.
나무들이 즐비하게 늘어져 있고 거리에는 몇몇 사람들이
애완견과 함께 거니는 한 폭의 그림이 선사한 도시입니다.
고매한 나무들 어여쁜 풀꽃들과 테라스에서는
각기 다른 벤치의자들이 그들의 가족을 보여주네요.
지나가는 차가 쌩하고 가는 저기 저 즈음에서부터
지켜보던 브랜슨 아주머니는 할머니를 향해 영어시작.
"Are you okay? You can rely on me." 제게 의지하세요.
사람이 많은 도시에서조차 거들떠보지 않는 것과 달리.
브랜슨 도시, 고요하고 차분하나 사람을 안아주는
한여름에는 흥미진진한 그 살뜰한 도시를 다시 가고 싶습니다.
넓은 가지 나무 든든하게 반기는 산책길에서
괜찮은지, 불편하지 않은지 묻는 친절한 그 도시.

뒷골목의 인심

미국에서도 한국의 텔레비전을 다 보고 있는 매스컴의
영향력은 유행스타일을 먼저 꿰고 있더군요
한국을 방문한 사업가는 멋스런 만화가의 진솔한 프로그램에
소개된 을지로의 뒷골목 집으로 가자고 제안합니다.
노포, 우리는 거리에서 숯불을 지피고 연기가 오르며,
고기는 활활 이글거리며 잘도 구워지는 그 거리.
하루 종일 값진 일을 마친 사람들이 회포를 푸는 그 저녁.
기다란 길의 끝자락을 찾아찾아 골목길을 거슬러
가면서 도착한 그 집은 생각보다 더 낙후해 보입니다.
"한번 주문하면 추가 주문은 없습니다"
세상에 무슨 음식을 한꺼번에 주문하고 추가 주문이
없는지 이해불가, 대단한 음식인가 합니다.
텔레비전프로 보고 온 사람들이 앉아 침 삼킨
그 고깃집은 오래가는 법을 모르고 우거지국 휘저어
내놓습니다. 더 달래고 싶으면, 처음부터 주문하라니.
세상인심에 "더 이상 아니 되옵니다"는 이상합니다.

베란다 풍경

시골의 우리 집의 화장실은 산위의 한참 올라 간 곳에
있었지요. 혼자가기엔 무서워 그 옛날 연필 끝 고무가 진기했던
연필 한 자루 준다고 꿰어 동생과 같이 손잡고 갑니다.
그러니까 50년 전 70년대의 우리들의 집들 이야기.
집 뒤에 산기슭에 지어놓은 뒷간 풍경은 어쩌면 최고의
풍수를 가진 자리입니다, 세상 풍경 다 볼 수 있으니.
화장실이 집안에 수세식으로 자리 잡은 변화된 세상.
베란다 또는 루프트탑을 이용해 거리풍경, 세상풍경을
보려고 갖은 인테리어에 신경 쓰며 별천지로 고칩니다.
베란다에 무릎을 싸고 앉아,
'나는 오늘에게 인사한다'하면서
사람들 숫자를 세어 노나니,
길 위에서 살아가는 일을 부둥켜안고 사람들은 삽니다.

풍차는 안 돌지만

쇼윈도우 안에서 별안간 꺼져있던 전등불이
켜지고 많은 식탁들이 즐비합니다.
단출할 정도로 세팅되어있는 공간에
물병에 새초롬한 물잔디 띄웁니다.
메이드는 앞치마를 하고 내방을 챙기듯
한걸음씩 걸으며 의자와 탁자를 다룹니다.
메이드가 바라본 바깥 풍경은 다르군요.
신호등을 건넌 이층의 건물에는 첨단의
정갈한 IT기계를 전시해 놓은 자리가,
또한 매장에는 놋그릇이 굵직한 나이테를
보이는 나무탁자 위에 장식되어 있습니다.
그 옛날 한 가닥 했다는 패션디자이너의
하얗게 거슬은 건물도 우뚝 있습니다.
풍차는 안 돌지만 뱅뱅사거리처럼
슬며시 번쩍여 사방이 볼만합니다.

창문 밖으로

나의 창문, 파란색 페인트칠을 새로 한
접이식 밝은 폴더형 창문 펼칩니다.
줄무늬 결로 살짜기 밖의 풍경 보여주기도 하는
결무늬 여과로 지나가는 사람의 표정도 알립니다.
춥게 살지 않게 해 주세요.
마음도 몸도 춥지 아니하여, 뜨끈한 방에 있는
이 안온함에 삶의 무게 서서히 노곤해지면,
창문을 열어봅니다.
겨울눈이 최고로 조용하게 내립니다.
원래 조용한 눈입니다. 눈빛을 받으면 반짝이고
물을 만나면 질척이지만 미끌미끌한 삶의
척도로 나아가게 하는 세상을 하얗게 만드는
눈이 내립니다.
내 어릴 때에도 좋아했던 뽀드득한 눈을
당신과 밟으니 발자욱이 많아집니다.
좋은데요, 더구나 당신이 있어 더 좋지요.

바다 천지였지요, 영종도

예전엔 인천공항을 가려면 몇 시간을 차를 갈아타고
오가는데만 해도 서너 시간이 뭐야, 다섯 시간을 넘어
걸렸습니다.
지구촌은 하나라는 세계화가 되면서 공항은 무한변신을
하고, 공항으로 가는 길도 놀랍도록 편리해졌습니다.
공항철도 급행을 타면 쾌적하고 깨끗한 노선따라
얼마든지 빠른 시간에 인천공항을
도착하니, 새삼 과학적 건축의 접근에 눈을 굴립니다.
차비를 아끼겠다고 몇 시간을 버스를 갈아타 인천을
돌아 서울까지 오신 짠순이의 세상구경은 이제
첨단 급행지하철로 노선을 갈아탑니다.
끝도 모를 끝도 없을 바다를 갈라 길을 만든 십계같은
영종도 지역에 집을 지어 살다니.
하늘과 바다가 닿아 마치 누리길 같은 풍광.
뿌연 안개가 걷히고 밀물이 들어온 바다 천지였던
영종도를 보니 그곳에 깊은 사람 사는 세상 지어집니다.

사랑하고 있는 연인들에게

"당신과 같이 살고 싶은데"
사랑하고 있는 연인들한테,
지금 사귀고 있는 사람과 가장 원하고 싶은 것이 무엇일까
물어보면 무슨 이야기를 할지 알 수 없습니다.
결혼까지 가는 것, 아니면 나를 배신하지 않는 것.
유럽에 있는 부모님 때문에 대학 기숙사에서 지내는
조카에게 전달할 물건이 있어서 학교에 간 적이 있습니다.
관악구의 캠퍼스가 워낙 넓어, 내가 찾고자 하는
학생생활관을 찾기가 힘들었습니다.
한 여학생에게 길을 묻자 아주 똑부러지게 잘도 가르쳐주며,
자신은 미래에 역사교과서를 만드는 학자가 꿈이라고.
똑똑한 여학생에게 요즘 학생들의 연애사 얘기를 듣습니다.
"사귀다가 오래 사귀면 좋고, 그냥 마음에 안 맞아
빨리 헤어지기도 해요. 그럼 됐죠."
<미련도 없다. 미련 있는 사람이 오히려 어리석다.
남자는 많다. 여자도 많다. 서로 남자가 여자가
얼마든지 있다고 쿨하게 미련 내던진다.>

아무래도 같이 살 결정까지는 오래 걸리겠습니다.
알 수도 없는 내 짝, 어느 정도 눈독 들여야 할지.

3시면 한중일 다 뜬다.

길이 넓은데도 사람이 많은데도 언제나 명동은 드넓은.
무슨 거리에 통로라도 펼쳐 놓은 것처럼 사람들로 붐비고,
인종들로 붐비고, 소리로 들썩이고 물건들로 뒤뚱입니다.
지금이야 워낙 어디를 가도 대단하게 거리를 정비해
명동만이 최고의 명소로 꼽지는 않지만.
그래도 명동은 영원히 우리나라의 유행 1번지.
3시 즈음이면 리어카의 무게도 모른 채 장사를 하는
생계를 이끌고 나오는 먹거리 상점들이 움직이고,
입에 착착 감기는 오징어 불구이 버터 바른 떡구이,
파인애플 휘발른 컵과일등.
스탠드에 앉아 먹는 민소매차림의 차이니스는 한손에는
가방인지 짐덩이인지 깔고앉고, 핑크빛 연분홍 냉큼 칠한
독특한 속사포 재퍼니스는 백을 스카프로 싸 감은채로
'스고이', '딩하오'가 들리고 엄지척 외칩니다.
한참을 걸어가면 예술극장과 성당이 자리 잡고 있는
명동에서 팔짱 낀 내님 보실래요.
그런데, 언제쯤 다시 그 길 붐비나요.

골뱅이 골목에서

직장인들의 생활이야 매일 쳇바퀴 아닙니까.
쳇바퀴의 삶에도 다른 날들이 있으니 그게
재미지요. 어떤 날은
생전 알지도 못한 새삼스런 성사 이뤄지고요.
어떤 날은 미장원 아줌마의 칭찬도 듣고요.
또 어떤 날은 예상치 못한 로또같은 기분 째지는
일도 생기고요. 그래 산다 아닙니까.
죽어라 일만 하지 않습니다.
가끔 뒷골목의 이층집 호프집 가서 모여 앉기도 하지요.
골뱅이 맵게 무친 파무침에 또르르 삶의 거품 마시며,
사무실에서는 그저 눈치 보게 되던 상사를
이 자리에서는 골뱅이 제가 더 많이 집어 먹어도
상관없습니다.
쓴잔에 골뱅이 씹어 보셨나요.
고춧가루가 덩그러니 감싸주어 인생의 나이 안보입니다.

나의 창문, 파란색 페인트칠을 새로 한
접이식 밝은 폴더형 창문 펼칩니다.
줄무늬 결로 살짜기 밖의 풍경 보여주기도 하는
결무늬 여과로 지나가는 사람의 표정도 알립니다.
춥게 살지 않게 해주세요.

그를 기다리는 동안

약속을 하고 먼저 앉은 내가,
음식을 주문하기 전 주위를 둘러앉은
사람 구경을 합니다.
매력 있는 여자와 앉아있는 저 아저씨
사랑꾼인지 알았는데, 아무 사이 아니라고.
연인끼리 눈빛교환하기에 바뻐
실랑이조차 좋은데, 살아보면 달라.
커다란 판넬에는 커피를 만드는 인도의
두건을 쓴 아줌마가 아라비카커피 담아내,
일렁이는 청결한 물 걸러 따르고 있습니다.
한사람을 기다리는 동안
그 사람을 기다리는 동안, 참으로 긴 생각을 하죠.
물 따라 흐르는 시간 속에는 기다림만큼
아득한 마음의 심연 돌출한다나.

하라주쿠의 젊음, 요코하마의 공예

헐크의 든든하고 건재한
몸 앞에서 두 여자가 사진을 찍습니다.
무진장한 열정을 닮고 싶었나 봅니다.
매해 열리고 있는 도서전에 참석한
두 일본여자는 도서전에서 자신들이
손으로 만든 공예품을 소개합니다.
요코하마에는 그렇게 많은 여자들이
손으로 만드는 공예품을 만들며 생활과
건강을 유지합니다. 장수의 비결이죠.
일본에서 만난 하라주쿠의 쟁쟁한 열기는
젊은이들이 잡지에서 튀어나온 유행시대와
달리 요코하마에서 온 일본인은 수수한 단아한
손의 끊임없는 쉴 새 없는 움직임으로 장수를
부르고 있습니다.
공예품의 기능은 그대로 삶의 자락 엮습니다.

오메가와 피오르드

오늘도 바이킹족이 끌어올린
청정지역의 해산물의 집합체
오메가로 시작하세요.
관절건강에 좋다는 영양가 드시고,
스키 타러 가신다고요.
겨울이 길어도 북유럽의 땅은 삼삼하죠.
오래전 우리의 아이들을 입양시켜간
그 나라는 풍부한 땅 노르웨이입니다.
숲길을 걸어도 짙푸른 땅을 밟아도 좋습니다.
타고난 기름진 나라이지요.
바이킹 시대의 후예들이라 말들 하지만,
교역국 넘나드는 타고난 무역국입니다.
입에서 녹아나는 노르웨이 연어 맛은
슬슬 녹는 삶의 기쁨인걸요.
나고 자란 것 특별한 피오르드 탄탄합니다.

내가 당신을 원하던 곳에는

솔직하세요. 좋다고
아, 좋네 하고 박수를 쳐 주시겠어요.
당신을 위해 많은 것을 하기 위한 당신사람
이라고 살갑게 굴고 싶던 순간에도,
그만 사랑해라하고 까탈을 부리고 싶던 순간조차
더 차분해지기까지 마음 길들였습니다.
거리에는 사람들이 지나가고 있었습니다.
즐비해있는 자리의 멋진 창문마다에는 늘어진
다정한 소리가 들립니다.
당신을 원하는 마음이 기다렸겠지요.
'찾으시나요'하고 부르는 허다한 유혹 앞에서도
기꺼이 당신만 보였습니다.
내가 당신이라는 사람을 원하던 곳에는
그 자리에는 당신 말고는 부질없기도 했지요, 제겐.

그 빵집, 그 찻집

그 사람과 커다란 차창이 있는 찻집에 앉아 빵을 먹고
찻잎의 영롱한 색을 보면서 먹는 기쁨이야 색다른가요.
의자 바싹 당겨 그렇게 뱅쇼의 시큼함 마실 때는
그토록 좋았는지 몰랐는데....
내 입에 묻었을까봐 너무 얌전히 먹어 좋은 것조차 엉겁결.
지나고 나니 한사람과 마주 앉은 그 시간이 꿈같습니다.
꿈이라니, 생시에도 만질 수 없는 꿈만 같은 시간을.
커다란 차창에 하나둘 전등이 켜져 그 사람의 얼굴빛이
환희에 차면 , 우리가 얼마나 좋은 시간을 갖고
있는지도 잊은 채 주변도 둘러봅니다.
연인인지, 타인인지, 친구인지, 지인인지. 들여다봅니다.
계속 당신을 만날 수 있을지 알고, 계속 당신과 맛있는
것을 먹을 수 있을지 알고, 다른 사람도 쳐다봅니다.
당신 얼굴만 바라볼 것을, 변치 말고 어서 내게 오소서.

익숙한 도시의 밤길

해 따라 걸으세요, 달 따라 걸어가 보세요,
논길이면 어때요, 밭길이면 어때요,
경운기로 아저씨들 토양 나르고, 칡차 파는 아저씨.
할아버지 손 붙드는 거기는 파주, 헤이리 길가 보입니다.
정말이지 내가 자랐던 그 기와집 마을 맞는가 해요.
내 어린시절 성장의 시골이 이제 와서 내 나이 즈음에
아름다운 파주로 알려지리라 누가 알았으랴
불러라 불러라 하면서 아무 노래를 불러도 시끄럽다고
하는 사람도 없는, 좋아서 어쩔 줄 모르는 사람의 이름을
냅다 부르고 숨바꼭질하듯 내빼도 좋았던 어린시절 파주.
밤길이라도 걸으면, 낮에 소가 크게 "음매" 하고 울던
그 소리라도 들었으면 하면서, 소의 착한 눈이 그리웠던
오래된 시골은 발전되었다고 있는 체 하려나.
까무잡잡 꼬맹이 어른 되어 왔노라.

누추하지도 않은 동네어귀

버스노선이 어디든지 갈 수 있는 노선이 많아 좋다는
그 아줌마의 말을 들으면서 같이 미소를 짓습니다.
"여기 앉아서 기다려, 따땃해"
어머나, 정말 뜨끈합니다. 우리나라가 좋은 나라 맞다고
맞장구를 치면서 곳곳에 신경을 쓴 행정의 머리 맞댐에
감사하기 그지없습니다. 거리에서 방구들장이라니.
삼삼오오 모여 붕어빵 굽는 부부에 모여 한입 물고 팥고물에
떨어질까 아까워하며, 소가 꽉 찬 만두와 군계란을 내어
놓아서 우르르 학생들이 주전부리로 사먹게 펼쳐놓은
그 동네에는 구경거리 플래카드가 걸려 있습니다.
"비싼 차를 갖고 있는 입주민은 어서 차를 처분하시오"
집도 나라가 주는 세상에서 가난한 사람들은 어서
모여 구제돼라. 이제 사회복지 정부가 탐험한다잖아.

산촌에 그림자 접어드니

저는 고요함을 좋아하느니라.
저는 산만함을 경계하느니라.
또한 저는 모여문화를 거부 하느니라,
나무창 섬섬옥수 여닫고 산새 포르르,
조금만 살짝 열었다가 들이 닫고
소낙비 내려 빗소리 마음저미거든
조금 더 살짝 열었다가 드르륵 닫고
온데간데없는 지나간 마음 다 걸어 잠그고
산촌에서 그림자까지 지워내며 살고지고.
그러고 보니 나는 이 나이 먹도록 넘어서도
사람들과 우르르 몰려다닌 기억이 몇 안 되네요.
그렇다고 내가 사회성이 모자라기는커녕
사람과 만나면 말도 제법 잘했는데.
타고난 태생이야 어디 가랴, 늙으면
산촌 땅 사서 나무불 때는 집하나 짓고 싶소.

걸어서 걸어서

불안한 시대에 살고 있습니까.
누구나 한 점의 불안의 정체 안고,
대수로울 것 있습니까. 지워버리세요.
해가 서슴없이 움직여 축복에게 말 걸고,
해가 옆으로 움직여 누굴 감쌀까 봅니다.
아침부터 할머니께서는 식물과
얘기하신다고 화단에 들어가 계시네요.
이제는 중년이 된 가장은 어깨가
축 늘어졌는데 아직도 풀 먹인 하얀 와이셔츠.
늦은 오후 마을버스에서 만난 그분은 글쎄,
연세가 있어 먼저 내리시라고 했을 뿐인데
고마워 어쩔 줄 모르는 얌전하신 그 어른.
시골 다녀오신다며 자꾸만 죄송하게도
한 움큼 나물 주시는 어르신의 손도 큽니다.
젊은 시절 그 양양한 웃음 가진 모습에
곱기도 하셨을 노인의 녹익은 인정에
뒤지는 말고 다 떨쳐내기도 하면서,
살아가야 하나보다 생각 스칩니다.

만족한 도시를 걸으며

"뭐든지 귀한 것만" 하고 선별된 것이라고
말할 수는 없습니다. 하루아침에 탄생한 익숙함도
아닌 것 같습니다. 숙련된 노하우의 힘이죠.
이 만족한 도시를 매일 걷고 싶습니다.
뺨 비비며 "즐거워라"하며 폴짝 뛰어오릅니다.
손잡고 걷지 않아도 아니 손을 잡으면
더 좋을 이 거리는 당신과 약속이 있는 자리입니다.
나뭇잎 엮어 걸려 있고, 유리벽을
열고 들어가면 특별한 멜란지 색문이

조명등을 받아 촘촘히 빛을 냅니다.
너무 젊어서 반짝이는 그들이 식사를
하는 자리 테라스에 모여 웃습니다.
나도 같이 웃고 싶습니다.
좋은 일이 있는지요, 좋은 일 있나봐요.

익숙해지겠지요

고개를 높이 쳐다봐야 지붕까지 볼 수 있어요.
서까래 눈에 띄는 지붕 색깔이 뉘엿 짙어지면
도시의 훈훈한 배경을 만들어 냅니다.
커다란 현관문 앞에는 이팝나무의 화분이
나를 반겨줍니다.
문 열고 들어가도 되는가요. 쟁쟁한 도시 속에
열려진 문 앞에 적재적소에 배치된 가구뿐입니다.
소유를 아끼셨군요. 익숙해지겠지요.
알쏭한 소유욕은 다 어디에 있습니까.
안 보이는 곳에 숨겨두셨나요.
아, 드디어 알아냈습니다.
무지하게 넓은 공간이 아니라,
숨결마다 많은 것을 놓지 않아
더 넓은 것처럼 느끼는 것이군요.
가지런히 쌓아두고 싶던 마음을
공간에서 배웁니다.
무척 갖고 싶던 것은 어디에 둡니까.

PART 3
다른 삶

밥은 잘 먹고요, 사물도 잘 지켜봐요

마음 다스릴 바 모를 때 나를 치유하는 방법이 뭐가 있을까.
"가만있어" "거기까지"
종이에 몇 번을 써놓고 방바닥을 걷고 또 걷습니다.
사람을 만나는 것도 묘책이겠으나 사람을 당분간 만나지 않고
혼자의 시간을 갖는 것도 지략이리라
마음이 복잡할 때 무언가를 쏟아내면, 결국은 아차.
특히 말은 마음이 불쏘시개일 때 내어 놓으면
하지 말아야 할 것까지 하게 되는 후회막급.

"잔잔히 있으시라"
감정 노출 자제하시고 마치 아무 일도 없는 듯이 다스려
한참 후에 내 마음 뒤집어 보시라.

스치는 사물에게 얘기하고 스르르 지우시라.
마음이 힘들 때 밥도 먹고요, 사물과 얘기하세요.

삶의 무늬들

남녀의 사랑이든 결혼생활이든 누가 알랴.
세심한 마음 구석과 겹치는 사랑살이를 같이 살아보지 않고 누가
알겠는가.
미진한 사람도 구슬 같은 보배를 꿰어 살기도 하고
잘난 사람도 인생이 유리알 같기도 하더라.
삶의 잡념 번지거든, 마음에 갱년기처럼
이유 없이 발끈하고 기온차로 울컥하거든, 그저
잠시 잠깐 떨구고 가는 인체의 유난이라 여기며.
당신에게 힘이 있는가, 무슨 힘이 있단 말인가.
그 길 위에서 바라보니
그리하여 살아가는 나날들은 내편이었구나.
내편들이 있기도 했더라.
"너 울지마" 다시 "눈물 글썽이지 마"
변명도 없는 눈물이 글썽이거든 고개를 위로 들으시라.

아, 물욕이여

백년을 살 것처럼 좋은 것을 모으고, 간직하고, 아끼고
매만져도 백년은 어마어마합니다.
살림 정리 정돈을 하다가 지나치게 아기자기한 물건들을
보며 인간이 만들어 낸 것들에 대해 신기함 발동합니다.
'인간은 끊임없이 만들어내는 구나.'
물건에 치여 마음대로 오가지 못한다면 무슨 소용이란 말인가.
다 내 것도 아닌 인생.
나는 어찌하여 쓸데없는 것에 집착 했는가 해도 또 주워 담습니다.
그 생각을 많이 했는데도, 소유한 잡다한 물건들을 나눠주지도
버리지도 못하고 늘어놓고 살고.
사람을 이리도 좋아하며 모았으면 다른 삶의 여정을 걸었을까.
그 사람의 물건을 보면 그 사람을 짐작할 수 있습니다.
그러고 보니, 당신이여. 그 물건들은 욕심을 보상받으려는
작은 보따리 같은 것이었소, 보따리를 풀르시오.

향의 그득함

뿌아종 향수를 오랜만에 뿌려보았습니다.
스무 살 시대에 유행하던 시절에 샀던,
장식장에 머물며 그 독한 향 치켜들던 향수
꺼내 귓불, 손목, 목뒤에 뿌려줍니다.
그 사람이 좋아하라고 뿌리는 향이 아니고,
내 마음의 스트레스 다 날아가라고 떨구어내는
삶의 체취입니다.
아주 강한 향입니다. 옆의 사람이 은근슬쩍
한 칸 넘어 앉을 만한 독한 향입니다.
그런데 오늘 나는 이 향이 아주 만족합니다.
향의 그득함으로 내 공간 온통 환해집니다.
살아주십시오,
지칠 대로 지쳐 나는 아니라고, 부르짖고
싶은 순간에 향의 그득함으로 살아주십시오.
나는 그전부터 나 자신을 미워하지 않았습니다.

몸무게와 차

오래전 받은 보이차가 그토록 비싼 차인지
모르고 장롱위에 올려놓았습니다.
가뿐한 몸 원해, 우롱차 우려먹는 다이어트는
체중계의 숫자 줄여주지 않습니다.
울렁울렁 차를 많이 마신 까닭인지 속이
기름기 퍼져 부글부글 떨립니다.
그리웠던 사람과 차를 마시며
차 한 모금에 목구멍 미끈하게 만들며,
"그렇게 좋아하면 안 되나요"라고 새침하게
말하고 싶었는데 컬컬하게 소리 나옵니다.
몸무게 줄이려고 보이차 장롱에서 꺼내
차를 우려내는 동안 나는 그제야 알았습니다.
좋은지 몰랐던 순간엔 꾸깃한 종이마저 그랬는데.
무한 효능 깊다는 것 알게 되는 지금 이 순간,
꾸깃한 종이가 전통 같습니다. 오호라!

약을 많이 드시네요

앙칼을 세게 떨어서 머리가 그리
아픈가 합니다.
속절없이 두고두고 살붙이 달고 다닌 양
뜨악하게 장이 쓰립니다.
그러지 마시라고요.
많이 먹지도 마시고, 약 알맹이 많이
털어 넣지 마시라고요.
그 의사양반, 그 약사양반이 그러잖아요.
덜 먹고 안 먹어야 댄싱퀸처럼 건강타고요
아니 될 걸 움켜잡듯이, 인생살이
가능한 것만 보기에는 욕심이 구석마다.
더 살고 싶으시죠.
약을 많이 드시네요, 약사님은 그 약을
주면서 처방전이라고 합니다.
인생처방에 적절한 약은 덜어내기입니다.

제철과일은 무료입니다

길쭉한 아스파라거스와
그린빈스의 작은콩 알알이 가득 먹습니다.
믹서기에 넣은 농축 그만 먹는다고요.
생식으로 먹던지 삶아 먹어보세요.
기름 들들 볶아 소스쳐 무치면
안 맛있는 것 어디 있나요.
고기와 수산물 종류 가리지 말고 무 푹 끓여
제철 과일 넣어 영양가 보태세요.
봄날엔 토마토 여름날엔 오이
가을날엔 켜켜이 채나물 겨울날엔 무볶음
제철과일은 싸서 무료 같습니다.
소화가 잘돼야 건강합니다.
당신의 인생 잘 소화시켜 기쁨 챙깁시다.

부티나십니다

까르륵, 정말 쓰고 싶은 대로 쓸 수 있나요.
줄지어 서있는 명품 사려는 사람의 줄다리기에
검품 거쳐 입장합니다.
사치를 안 하는 까닭은 꾸미는 것이, 적성에 안 맞아
번거롭습니다. 다시 말하면 사치를 해도 어울리지
않고 도대체가 럭셔리하지 않다나, 내참.
살면서 나를 위해 많은 것을 쓰지 않았습니다.
살면서 나를 위해 무엇을 아껴야 했습니다.
그런데도 그리하여 우리는 허전합니다.
생색내야 할 이유가 사람에게 정성들이는 것이지
사치하는데 쓰는 것이 아니라고 위안했습니다.
부티가 좔좔 흐르는 한 사람 만나고 온 지금,
적당히 끌어내어 다 단장해 봅니다.
내게 어울리는 것은 무엇일까 부티에게 묻습니다.

지칠 대로 지쳐 나는 아니라고,
부르짖고 싶은 순간에 향의 그득함으로 살아주십시오.
나는 그전부터
나 자신을 미워하지 않았습니다

골드바를 모아놓고

은행의 VIP들이 모셔놓는 금고에는 무엇들이 들어있을까.
집문서도 들어있고 골드바도 들어있고 집에 두기 불편한,
그러나 값어치는 최고조에 달하는 것들이 모셔 있으리라.
당신에게 대여금고를 부여받는다면 무엇을 넣어두고 싶은가.
누가 당신의 재무설계를 쥐고 흔드는가 말이다.
은행의 금고보다 건물 올리겠다는 당신에게 물어봤노니.
금은 언제나 현금치기.
금값의 상승과 하락은 누구도 모른다니까.
엄마가 우리 스무 살 시절에 해주신 작은 알이 모여 있고 중간에
쓰브다이아가 달려있는 기다란 목걸이, 생일 때 받은
다이아 링반지 그리고 한참을 유행한 커다란 이어링 등.
골드바하고도 바꿀 수 없는 금붙이들을 보면서 18k인가 14kGF
인가 돋보기 쓰고 유심히 봅니다. 금도금이라고도 한다는
kgf에 GF라는 말대신에 금을 입혔다라고 고치다니.
도금처럼 입히기만 해도 돋보인다면 근사할 수 있구나.
허나 값어치는 역시 없으니 말짱 도루묵입니다.

미인은 언제나 춤을 추었다

살구 씨를 갈아서 기미가 난 광대뼈에 바르세요.
썬크림의 효과는 이제 태양의 유혹에도 뽀샤시.
한여름이면 구운 살처럼 검게 썬탠을 하는 젊은이의
무모함은 과거 속으로 숨었네요.
진주를 식초에 녹여 먹었다는 클레오파트라의 코는
더 이상 높아지지 않고 인상마저 고치는 첨단시대.
감자가 좋다고 감자를 즐겨 먹던 어린 시절에는
저녁이면 식구들 사이에 누구는 소금을, 누구는 설탕을
찍어 먹는다고 분분했는데.
유산균 가루 뿌려먹고는, 이제는 고구마가 좋다나.
변하고변하고 바뀌는 모든 잡설 속에 진정 바뀌지
않는 것은 무엇일까.
보기 좋은 것, 아름다운 것에 대한 열망은 한결 같은 세상.
날씬한 다리 만들려 맥주병으로 매일 문지르던 그날은
이제 다리도 시술에 맡기는 새 시대가 왔지요.
몸매가 좋은 아름다운 사람은 그렇게 씰룩 씰룩 춤을 춥니다.
"몸매 좋은 나는 좋아. 행운이야" 하면서.

모자 예뻐, 어디서 샀어

자식은 또 내 새끼 돌보느라 내 엄마와 격조하다.
어젯밤 잠시 엄마생각을 했지만, 바쁘다는 이유에 지나치지요.
우연하게 여느 모습의 할머니를 만났습니다. 대뜸
"모자가 예뻐"
"어디서 샀노. 색깔도 마음에 드는데, 얼마야?"
나이 드신 할머니의 마음에 드신 것을 보니 이 모자가
정말 예쁘긴 예쁜가 보다.
나도 정말 마음에 들어 가을 끝자락이면 그 모자를 꺼내
다시 쓰곤 했으니까. 털실로 뜬 모자인데 색깔도 마음에 들고
포근하게 보온효과로 겨울만 되면 내내 쓰고 다닙니다.
머리의 혈류를 촉진하기 위한, 할머니가 이쁘다는 그 모자는
내 겨울의 상비모자인지라.
이말 저말 재밌게 말도 구성지게 잘하시는 할머니께서
별안간 내 엄마도 아닌데 하소연하시는데 눈시울 뜨끔.
"나, 배고프네, 밥하기 귀찮아"
타인의 엄마와 대화를 하다 할머니의 배고픔에 아연해집니다.

About Food

마트에 가면 단무지, 자차이, 올리브절임을 사는 것 보면,
아마도 나는 짠지 마니아 같습니다.
분식위주의 식당에서 주는 음식에 꼭 등장하는 단무지는
나의 입맛에는 다른 어떤 음식보다 맛반찬입니다.
무로 만들었고 단짠의 가치가 있으니 어쩌면 쉽게
만들기 어려운 장아찌보다 랭킹 위에 있습니다.
쇼핑 카트에 단무지와 유부를 최고 큰 것으로 담고 보니,
자꾸만 안초비가 삼삼합니다.
왜 그렇게 안초비를 보면 내겐 눈물이 나는지.
아버지가 많이 아프실 때,
백화점의 안초비, 생선절임을 맛있다고 해서
사 갖더니 캔을 뜯기만 하고 한 점도 못 드셨습니다..
아픈 속은 눈으로만 안초비가 맛있었지 드시기 힘드셨던.
짭쪼름한 안초비와 단짠단짠의 단무지가 내식탁의 일상.
고혈압 괜찮은지 식재료에 관해 질문합니다.

사람이 다르더라, 그렇게

유행하고 있는 3단 철재옷걸이를 사서 옷들을 차례대로 걸고,
책꽂이 모양의 수납장을 사서 스웨터와 소품을 잘 정리합니다.
"나도 그렇게 할 줄 안다."
문간방을 가득히 옷을 쌓아놓고 있어서, 정리를 한 것인지
정리를 내버려 둔건지 모를 정도로 산만합니다.
그 방을 본 사람은 왜 저렇게 정리를 안 하는지 이해가 안 가리.
틀이 있어야, 수납은 완성. 틀이 없는 상태에서는 아무리 정리를 해도
쌓아놓은 상태로 수북합니다.
누구는 재활용 날에 나오는 고물 수리해 말끔히 집 정리 합니다.
누구는 줍는 것은 안한다 하면서 그대로 척척 쌓아둡니다.
어떤 방법을 취해 정리하는 성향이 다른 것을 보면
사람이 다르더라.
어찌 다른 것이 사람뿐이겠는가.
사랑도 다르고, 당신 마음도 여전히 다르더라.

정치인의 메이크업

여자의 화장술은 참으로 대단합니다.
그 여자인지 몰라볼 정도로 색다른 사람을
만들어 놓으니까요.
피부 관리에 신경 썼다는 은은한 모습의 정치인도,
한 달 생활비가 천을 넘겼다는
정치인의 화장품 궁금합니다.
서태후가 즐겼다는 비취 걸고, 타고난 절색들의
석류 꿀꺽 온몸에 매끈하게 붓터치로 문지르고
다음엔 요즘 인기제품 덮어 입향 합니다.
환한 세상 만들려고 빗나간 세상을 칙칙함에서
구제하려고 얼굴윤기 정치처럼 손보는데
얼만큼 야단쳐야하나요, 화장품과 고기는 고를 줄
모르면 그저 값나가는 게 정상품입니다.
망가지기 전에 손보십시오. 값비싸면 어때요.

꽃이 흔들거리거든

참아야 했습니다.
참지 못했습니다.
다시 주워 담고 싶은데,
내 마음의 성에 담겨지지 않습니다.
나만 생각한다고 도통 남의 말을
듣지 않으려고 한다고 다그치지 마셔야죠.
내가 몰랐겠습니까. 알면서도 그렇게
할 수 밖에 없던 마음의 심사를 당신은
모르십니다.
왜 내가 모진 말을 퍼붓도록 나를
내가 쏟아낸 것들을 주워 담고 싶게 합니까.
더없이 아름다운 꽃을 가꾸도록
물속에 담겨있는 꽃줄기조차
꼿꼿하게 놓아두시지 않고
내 꽃물 흔들어 버리면,
꽃이 흔들리거든 뒤로 걸어 떨어지십시오.

감정이 아름다운 여자와 사세요

학창시절 김형석 교수님은 에세이로 자주 만날 수 있는
최고의 지식인이자 철학자이셨습니다.
책이 내 거실에 있는 것만으로도 기쁨이 됩니다.
 책꽂이 맨 위에 있던 위인전집과 안데르센 동화와 그림형제
책들은 엄마가 읽어주는 책이었고, 김형석 교수님의
산문은 성장에 감성을 실어주는 산문집입니다
아직도 누렇게 변한 책들의 표지는 내 감성을 대변해 주는
마음의 무늬로 간직됩니다.
백세를 사신 한시대의 철학자의 강연.
조금도 흐트러짐이 없는 소중한 강연에서
"감정이 아름다운 여자와 결혼 하세요"하는 말씀에
이 강연을 놓쳤으면 그 아름다운 문장을 찾지 못했을까 합니다.
노교수는 몇 시간을 앉아 책사인을 해주셨는데 나는
'감정이 아름다운 여자'는 어떤 여자일까 심각해집니다.

예의를 가르쳐드릴까요

예의 있는 사람은,
오래도록 당신에게 정성들인 사람에게
작은 것이라도 배려해주는 것이지요.
예의 있는 사람은 다른 것을 찾지 않고
변함없이 이전부터 당신만을 찾는 사람을 위해
끝까지 애써주는 것이지요. 설령
당신이 안내해 준 길을 따르지 않으려 해도
정성껏 매우 있는 힘을 다해,
달려가서라도 부딪치면서라도 정확한 길에
가도록 가르쳐 주는 것이지요.
하여 결과가 달라졌을 때 예의 있는 사람은,
도와 주려했으나 아니 되었을 때조차
미안하고 미안해, 그를 다시 도우려하는 것이죠.
바로 그게 오랜 지기에 대한 예의입니다.

술렁술렁 얼씨구나

가끔 심각하게 살 것 뭐 있나 하는 생각이 드신다고요.
절로 맞습니다.
젖어드는 리듬을 들으면, 그냥 그렇게 하루하루 살고 싶죠.
음악은 나를 춤추게 하여 눈에 맞는 사람이 있으면,
죽맞아 수다 떨고 싶고, 지쳐 쓰러질 것 같은 지난한
인생의 더없는 노력을 하다가도 이러면 어떻고 ,
저러면 어떠냐고 그저 있는 대로 살다가 가자고
안주하죠. 내 것이 된 것에 자족하면 심난하지 않소.
부둥켜안고 불안해봤자, 안분지족 삶이 뭐 있겠소.
부귀영화 누려 한때 잘나가던 그의 목줄기는 메말라
더욱 옷깃이 야위어 보이고, 천하 호령하던 권세는
어느새 빛바래 훌쭉해졌는걸요.
어절씨구나! 술렁술렁 물 말은 밥 잘 넘어가듯,
나, 가는 길에 살판 깔아 아쉬울 것 없어야 할 것이오.

비키시오, 싸구려가 어디 있단 말이오

오전 10시만 되면 아줌마들은 남편, 아이들 인생터 보내고,
오늘은 뭐가 제일 싼가 하고 장바구니 골라 듭니다.
살기 좋은 이 마을, 어찌하여 이곳은 삼면에 바다가 둘러있듯이
마트에 또 마트 할인점에 또 할인점인가.
영업하는 사람들은 영특도 하지, 구색 맞춰 영업전략 엄청납디다.
매주 수요일이면 그 물가 비싸 살까말까 고민하다,
더 내리면, 더 붙여주면, 날짜 가까우면 하고 기다리던 것들도
'왕창, 모두가 싸다.' 외치며 전단지에 도배질.
뒤돌아 선 마트는 큰 회사에서 운영하는 것이라 또 다른
소비자 만족을 주니, 떡칠을 하게끔 대형물품이 쌉니다.
장사진 치며 물건 사러 온 소비자 때문에 시끄러우면 어떠오.
쪼르륵 나가 사고 싶은 것 사서 추리닝 바람에 장바구니 끼고
있는 이곳은 시골구석 삶의 홈바퀴 굴러갑니다.

감성물건은 그렇게 다루지 마세요

사연 없는 사람 어디 있겠어요.
하나 가득 껴안은 채 살지 않고 그저.
생각에서 멀찌감치 놓아두고 꺼내지도
않고 살아갑니다.
그것은 그 사람이 나에게 아낀다고 준
사랑 타령했을 때 어이없이 준 물건이랍니다.
그것은 말이죠. 우리 친구가 덜 촌스러우라고
제게 걸쳐준 스팡크팡팡데이에 준 것이군요.
그것도 돋보이나요. 감성 뭉쳐놓아 숨겨놓았는데.
서둘러 내 갈 길이 까마득하지 않도록 삶의 방편으로
모아둔 계획수첩입니다.
아니요, 계획하고 살지 않아요.
그날 살아간 시간이 계획이었지요.
저는 미리 감성 실어 나르지 않을 자신 없지만.

아득하지 않아요

허튼수작은 눈을 감을 때나 하시오.
눈을 뜨면 상처로 남아 질질거릴 테니.
새들이 살포시 날아오르는 기분 좋은날
내 생애 기분 좋은 생각만 하게 하소.
욕심인들 무엇인들 못 부려보겠소,
하지만 우리는 좋은 것으로 남고 싶잖소.
따뜻한 것을 보고 소중한 것을 안으며
기꺼이 고급진 것만 내 것으로 만들고
싶은 삶의 내력.
한걸음에 내쳐 갔던 길, 다시 노력해
뒤돌아보면 마음에 겹겹이 생채기
그자의 인생도 아프다는데,
나만 내가 왜 상처 입겠소, 조심하세요.
명품 선글라스 코너에 아줌마들이
꽉 차 서성일 틈 없지만, 당신 것도 찾아보시구려.
안보이면 모른다잖아. 실수인들...

진주가 스치는 깊은 까닭

"말을 타면 종을 부리고 싶다."
옛말이 하나도 틀린 소리 없다는 것을
나이 들며 실감하는 것이 우리네 인생.
욕심이 끝 간 데 없어 드디어 말까지 부리는.
아니 될 줄도 몰랐고, 안 될 줄도 몰랐던 것이
삶이 그대를 속일지라도 노하지 말라는
푸시킨의 글귀처럼 침착하게.
당신이 진주인줄 누가 모른다고 해서
조금도 흔들리지 않는 연유에는
진주도 때로는 애타는 눈물을 흘리니까.
몰라줘서 흘리는 것이 아니라 섭섭해서.
당신께서 욕심이라고 하니 정말 욕심으로
남겨져 취급될까봐.
명품매장에 줄서는 그들의 옷차림에
'별것 아니네.' 하다가 그 나긋한 슬리퍼가
찍찍 끌면 안 되는 진주처럼 찬란한 값이라네.
어이하나. 진주를 스쳐서, 몰랐더라.

그게 전부인줄 알았던 그때

그때 그것이 전부라고 생각했겠지.
밤길을 걸었습니다.
불빛에 비추이는 우리들 그림자 선이,
그렇게 예쁜지는 몰랐습니다.
흐드러져 피어난 장미는 오늘은
가시를 보이지 않았습니다.
주변을 상관 않고 커다란 너끈한 나무의
옆에서 붉은 꽃으로 탐스럽기만 한.
내게, 내 것으로
어울린다고 생각했던 것들이
때로는 아스러지듯이 내 것이 아닌들,
별거 아닌 것을 잘 몰라서
이제야, 아무것도 아닌 것을 알게 되다니.

내 손이 저울이여

백화점이 바로 코앞에 있는데 할머니는
저 물건이 팔릴까.
할머니의 계산속에는 들고 나온 한 바구니의
저 배추, 저 나물, 저 콩들이 팔린다고 생각한 것일까.
시골에서 직접 재배해 온 흙무더기에서 나온
생물들을 직접 까고 캐어 온 건디 으째 안 팔려.
정말 할머니 앞에 있는 바구니의 작은 채소들을
물어보는 손님이 있었고, 할머니의 주름진 손은
봉지에 넘치지도 않게 잘도 채곡 담겨집니다.
"내손이 저울이여. 정확하잖아, 5천원만 주셔."
몇 십 년을 장소만 있으면, 시골서 올라온 물건들
발품 팔아 장사 나온 할머니의 손은 저울 눈금입니다.
참기름, 들기름까지 들고 오신 할머니 콧잔등이
땀 몽글었습니다. 아니, 똑 떨어집니다.

나를 위한 기도부터 당신까지의 기도

양초와 성냥을 사들고 이사 간 집에 가는 것은
오래전 이사문화였습니다.
지금이야 성냥을 찾으려 해도 드물지만 오래전에는
육각형 모양의 성냥갑 속에는 초코색 성냥머리들이
줄지어 빼곡히 담겨져 있었지요.
활활 타는 성냥을 들고 불빛 받으며 번성하라는 의미의
양초는 집들이 할 때 사들고 가는 품목 중의 하나.
만사 술술 풀리라는 휴지를 들고 가는 요즘의 문화와 달리.
성냥이 주는 의미는 남다르다죠.
초에 켜진 불들을 바라보며 소원을 빌어봅니다.
들리지 않을 나만의 소원을 들어 달라고 비는
염원의 기도는 촛불이 들고 오릅니다.
촛불 속에 비는 기도에는 내 기도만이 아니고, 나를 위한
기도부터 당신까지의 기도가 속속들이 스밉니다.

더없이 아름다운 꽃을 가꾸도록
물속에 담겨있는 꽃줄기조차
꼿꼿하게 놓아두시지 않고
내 꽃물 흔들어 버리면,
꽃이 흔들리거든 뒤로 걸어 떨어지십시오.

구두가게와 캠핑도구 전시장

월간지를 만드는 대표의 부탁을 받고 캠핑물건을
취재하러 간 적이 있습니다. 도통 캠핑에 관심이
없던 나였지만 글을 써야 하니, 취재는 기본.
드라마 역시 중요한 기업대사를 쓸 때는 회의에서,
어떤 대화를 하는지 참여하여 대사를 수렴하듯이
캠핑 글에 문외한이었던 나는 성수동의 즐비한 공장을
다녀옵니다. 소구력 있는 기사를 원하셨는데.....
회색빛 공장들의 한켠에는 유리에 가득하게 캠핑을
직접 실현해 볼 수 있는 각양각색의 전시로 캠핑시장이
이렇게 큰가 놀랍니다. 둘러 다른 골목을 걷다보니
그 옛날 수제화의 구두가게가 즐비합니다.
엘칸토 에스콰이어 하던 날들의 장인들이 자신의
공장을 직접 가동하고 만들어 내는 구두공장의
가게에는 저마다 적당한 발모양의 발 크기를 잽니다.
신발은 내 가는 길의 자욱입니다. 발자취 발자욱 남습니다.

합숙과 기숙

홀로 계신 할머니들을 위한 정책으로 방 하나를
젊은 학생들과 조인해주는 제도가 있습니다.
할머니들께서는 적적함을 달랠 수 있고,
더하여 생활비까지 보탬이 되니 귀한 보완책으로 여깁니다.
하지만 생각보다 그 정책은 융통성을 잃은 듯합니다.
말하자면 한 칸의 방에서라도 혼자 지내고 싶은
젊은이들의 열망이 우선 그것을 받아들이기에
불편하고, 할머니들께서도 처음에 반기시다가
꼬장한 마음 긴 세월 담고 살으신 지라, 젊은이의
생활상과 조화를 이루기 힘든 거죠.
"나 혼자 산다."는 우리가 지극히 좋아라하는
시대의 유행이자 삶의 모터가 1인가구를 쟁점으로
올리고 있습니다.
오래전 자취를 하는 사람을 보면 안쓰러워 반찬이라도
갖다 주고 싶었던 마음이, 이제는 혼자 자립하는
독야청청 걸을 수 있는 부러운 생활방식으로 한자리 합니다.

샤랄라를 아세요

플리츠 긴 치마를 입고 아침을 준비했어요.
시폰원피스 입은 어제보다 더 마음에 드시나요.
당신을 위한 아침 식사를 쉽게 하려고 부엌도
이동 공간 쉽게 잘 배치했지요.
착즙기 옆에 커피토스터 그 옆에 낭만그릴까지.
한때 유행했던 미소국 대신에, 된장과 고추장 풀어
장국 준비했고요. 소화 잘되는 밥 드시라고 흰밥에
은행 넣어 밥 지었어요. 김치는 전라도 젓갈맛.
아삭한 알타리무김치, 질경이 나물이 염증에 좋다고
해서 오늘은 청경채 대신 올리브에 볶았어요.
예전엔 올리브기름이면 다 좋은지 알았는데, 기름도
올리브인지 포도씨인지 온도차 쓰임새 다르더라구요.
당신을 위해 연구한 요리솜씨죠.
샤랄라, 샤랄라.
잘 먹고 잘 삽시다. 당신을 위한 식탁 차려준 나를
잊지 마세요. 보기 좋으라고 때깔 맞춰 요리해요.

어머 어머 이건 꼭 사야 돼

문을 열면 배달되어 있는 홈쇼핑 배송의 그 맛은
최근에 경험해 본 여러 가지 재미중에 가히
최고죠. 내가 잠을 자고 있는 동안 누군가
나를 위해 내가 필요로 하던 물건을 가져다주니
그 얼마나 좋은가 말입니다. 지갑의 카드 센싱이
뭐 그리 대수냐. 온라인에서도 어차피 생필품은
사야 하루 생활을 하지 않겠는가.
"주문 전화 난리 났습니다. 이거에요, 바로"
"어떻게 그렇게 사는 것 같이 사세요. 스윗해요."
"좀 산다는 집에 가면 오브제 스타일로 완벽세트
구비해 놨잖아요. 바로 화끈하게 지금 가지세요."
쇼호스트들의 물건 파는 멘트가 가히 기가 찹니다.
70만원한다는 외국서 어렵게 공수 해왔다는 그 접시가
7만원도 아닌데 "안 갖고는 못배기겠다. 에따 모르겠다."
귀에 쟁쟁하게 들리는 쇼호스트 멘트.
오늘 떼돈을 버는 겁니다. 기회입니다.
은접시에 또르르 돈 구르는 소리보다 주문소리 울립니다.

그랜드피아노 보다 휘파람소리

사람들은 그 집이 면장집이라고 하면서,
한 자리 한다는 주인의 딸을 보고 싶어 하는 거예요.
어린 내 마음에는 부자와 가난의 거리를 잘
모르고 다만 그 집에서 들려오는 피아노소리가
신기한 거죠. 파랑반짝이 옷을 입은 그 집 딸은
르느와르 그림의 소녀를 닮았을까.
피아노가 집에 있다니, 그것도 왕창 큰 피아노.
하지만 악기나 악보보기를 도통 모르는 나는
휘파람을 배우기 시작합니다.
나는 언제나 다른 사람들이 기타나 피아노를
배울 때도 항상 휘파람이 불고 싶은 거예요.
사랑하는 사람이여,
휘파람소리도 사람마다 다르니, 내 휘파람 소리
잘 찾아오시오. 기다리고 있습니다.
들리십니까. 내 휘파람소리에
"당신이어야 하는 이유" 담았습니다.

경제를 세면서 걸어요

1인 가구의 최저 생활비가 얼만지 정확한가요.
하루 벌어 먹고사는 품팔이 하는 노동자의 손에 들어오는
하루 일당이 얼마인데, 최저 생활비가 생각보다 많다구요.
살고 있는 집을 지탱하는 기본 세금과 한사람의 개인이
사회생활을 하는 차비부터 시작해 활동하는 기타생활비를
포함하면 그 금액으로 살아가기 버겁다고 윽박지르곤 할 태세.
으리뻔쩍 자네 대리석 계단, 덕지덕지 자네 낡은 가구 진물난다.
누가 돈을 만들어 내서, 누가 빈부의 차를 만들어
이리도 빈부차 하염없는 삶을 꾸려가게 했단 말인가.
웃긴다는 소리가 들리는가 하더니, 그러니까 한탕에
배부른 화끈함 있는 거야. 자본주의 사회에 돈이 최고지.
복권 맞으면 세계여행부터 하겠다는 꿈꾸는 자의
행복은 언제 이루어지나.
생활비 제외하고 얼마 남았나 세는 한 아주머니는
통장을 들고 손가락 접고 있습니다. 뭐지뭐지

진귀해 보이는데 만져도 되나요

한복집이 어찌나 많은지, 들어가서 한번 입어보고
싶을 정도로 고상함 물씬 한복들이 물색을 돋보여,
어랍쇼 양가집 귀수들은 잔칫날 한복을 입으니 이곳에
한복집이 성시를 이루는 것은 당연지사요.
가족들 다 차리고 나면 고전미가 발광을 할 것이오.
핀란드의 북유럽 가구들이 비추일 듯 전시되어 있어
닦기 어려운 불편함은 고사하고 당장 그 전시장에
차곡히 늘여놓은 맞춤식 비스포크에 잠시 눈도장 찍어
 어떤 장식이 어울릴까 만져보고 싶으네.
 가장 귀한 손님을 불러 한상 차리고 싶어집니다.
빌딩이 너무 높아 뒷목잡고 올려 쳐다봐야 하고,
도로마다에 상류층 장신구 달아 놓아 건물에서 내어 쏘는
불빛에 마주쳐 쾌지나칭칭 합니다.
여기는 당신이 설렘에 우물쭈물 했다는 사거리.
진귀하게 몸단장한 물건들 감히 만졌다가
지갑 홀릴까 물어나보고 만져봅니다.

지프차와 티티약

미군부대에서 나온 해열제를 먹으면 다 낫는다니까.
미군부대 지프차가 한번 휘저으면, 철통 방역이야.
대따 좋아, 그냥 전멸이야.
6.25를 겪지 않은 세대들이 전쟁의 아픔을 누가 알겠나.
머리에 항아리 이고 층계 오르며 물 긷고, 주룩한 동생들 내손으로
키우며 저녁이면 돈 벌러 나간 엄마 대신, 늦게까지 동생 등에 업고
기다렸던 우리네 아픈 역사.
도련님의 도시락부터 시작해서 후다닥 발동동.
집안 살림의 뻔지르르 커피삼촌 뒷바라지까지 맏이들의
그 시절 이야기는 물비린내 납니다.
시절이 좋아 없는 것 없는 세상에도,
길이 안보일 정도로 사람간의 거리두기의 패닉 상태.
다시 한 번 지프차 바퀴 돌며 뿌연 가루 티티 날리던 그 시절.
미국은 그 땅에서 휴지 한 롤에 만원하며 사재기를 한다고.
곧 괜찮아지니 견디시오.
정말로, 나쁜 것을 몰아낼 힘을 가진 신약이 있으려나.

품위유지비의 다른 모습

오래전 일본을 갔을 때 조그만 슈퍼들이 칸막이를 하듯이 매점을
차려놓고는 물건들을 소분하듯 조그맣게 담아놓고는 하나마다
이름을 적어 놓아 새삼스럽던 기억이 있습니다.
그날들이 이십대였는데, 선진 일본에서 이렇게 소꿉장난
하듯이 가게는 어찌 작은지, 바구니에 소담하게 담은 물건들은
또 왜 그리 아담한지 아이러니했습니다.
이어령 선생님께서 말씀하신대로 축소지향의 일본인이라서
그런가, 참으로 조그만 가게에 퍽이나 잘도 손질 잘해놨네 했죠.
도로는 넓고 반듯반듯하며 품위 유지비에,
제산세를 몇 천씩
낸다는 그 동네를 가보면 커다란 마트가 차를 타고 가야 합니다.
동네에 있는 마트들은 지하에 내려가면 좁다라한 다들 가게모양새를
하고 당장 필요한 물건과 생필품만 진열한 쪼그마한 가게들.
아하, 땅값이 비싸 그렇다는 것을 나중에 알아챕니다.
아침이면, 세차하는 아줌마들이 페라리, BMW, 벤츠를 닦는
그 동네는 기차게 나몰라라 정도껏 올리고 있는가. 과연.

꽃과 나무들에게

저는 그렇게 말하지요.
꽃보다 나무를 더 좋아한다고 말하고는 합니다.
섭섭해 하지 마세요, 꽃님이시여.
너무 많은 사랑을 받은 너무 많은 손을 받은 꽃님은
넘치는 사랑 때문에 시들은 날도 많았습니다.
좋아하는 사람이 많으니, 제 사랑은 다른 사람을 주십시오.
두근대지 마시고 그렇게 너끈히 지켜 서세요.
사사로이 사람들이 보태 잔치를 벌이지 않을 뿐이지,
나무님을 사랑하는 사람이 어느 정도로 많은지요.
두 팔 벌려 심정 부둥켜안아도 안 되는 나무사랑은
당신의 동화 속에서도 있습니다.
있는 것 다 퍼주어도 주고 주는 아낌없이 주는 나무이야기.
꽃님이시여, 나무님이시여.
사람들에게 어울려 사랑하는 법을 꽃과 나무의 조합으로
알았습니다. 들켰습니다, 사랑하면 어울려버린다는 것을.

누가 누가 바라보나

진갈색의 커다란 나무는 계절의 변화에
민감하지도 않은 채 그대로 뻗었습니다.
파릇한 싹들이 서서히 내 몸에서 돋고
있는데도 허허 웃음도, 간지럽다고 기지개도
없이 그저 변함없이 하늘을 안고 서있네요.
작은 나무들이 옆에서 몸의 색을 바꾸며
날렵하게 돋는 잎들을 신기하게 내색해도
아무렇지도 않은 채로 높아만 가고 있습니다.
허허벌판에 서있어도 아랑곳하지 않을
그 위엄이 제발 변치 말기를.

드디어 큰 나무 입 열었습니다.
작은 소리로 떠들려거든 온종일 떠들어라
큰소리로 떠들려거든 바람에 시켜 떠들어라,
나는야 , 누가 바라보나 하늘위에서
절개 지키며 삶의 방향 꽂고 있느니라.

PART 4
다른 사랑

내게 아무것도 해줄 수 없는 사람이여

안녕. 미안해 떠나서

사랑했으면 아니 되는 것을 되게 해서 도와주는 거야.

사랑했으면 어떤 궁리를 해서라도 내편이 되어 나를
곤궁에서 구해주는 거야. 그것이 사랑이야!
그것이 어째서 사랑이냐고 하면, 설마 모른척하는 거겠지.
사랑이란 것이 어찌하여 좋을 때만 채려서 다가오는 것이겠는가.
그의 고통을 알면서도 다 지난 후에 다가오는 그 사람을
절대 받아들일 생각 없습니다.
사랑한다면, 정면으로 그의 아픔에 다가온다는 것이죠.
그의 아픔이 다 지난다음 다 해결된 다음
이제 와서 나를 위한 사람이라고 한다면 나는 말하리.
"당신 필요 없어요, 필요 없는데요"

사랑이라 했거늘, 여인네마음이라 했거늘

도무지 관심이 없는 듯 천만 번을 찔러봐도 내 것이 될 것
같지 않은 그녀에게,
어느 날 문득 다가가지 않았더니 그녀가 오히려 다가오더라.
사랑의 밀당이 정녕 있다면, 그런 것 하지마시라.
감지덕지인 사랑인들 어디 있으랴.
'기다렸구나. 그러실 줄 알았더라'
한번 마음이 갔던 것인들 무엇으로 변하랴.
그녀가 나에게 마음의 문을 열었거늘
사시사철이 몇 차례 지나가는 것을 굳이 볼 이유가 있단 말인가.
사랑은 기어코 내게 오고 있고,
여인네의 마음은 다시 변하기는 쉽지 않은데.
진정 싸맨 마음 풀기 어렵지, 더해 주지 못한 정만 펼칩니다.

서로에게

지금부터 새로이 알고 싶습니다.
당신의 이름으로 가르쳐 주세요.
마음 곱게 쓰겠습니다.
오전에는 맑은 물처럼, 오후에는 사랑한 기록처럼
햇살이 아쌀하면
같이 있어 주셔서 고맙다고 귓속말하려구요.
당신께서는 부끄럽지 않게
그래 그래, 오냐 오냐 해주실래요.
어디부터 이 마음 원했습니까.
나를 좋아하시는 이, 당신이라니
서로를 위해 고운 마음만 쓰겠습니다.
서로에게 들려주고 싶은 말 하나 더.
천하와도 안 바꿀 당신입니다.
전부 다 너무 좋다고 말해도 되나요.
자랑하고 싶은 당신을 나는 어쩌면 좋아요.
아, 당신께서 먼저 나의 사람이라고 나팔 부세요.

유려하게 보고 싶어요, 당신

<사랑을 문 닫고 눈을 흘긴다.
내 눈은 절대 안 찢어진다.
부드럽게 더 부드러워진다 >.
제가 좋아하는 사람이여.
생각해보면 사랑하는 사람보다
필요한 사람을 찾지 않았나 합니다.
내가 사랑할 사람을 소유하듯
나에게 필요한 사람을 찾으시다니.
사랑을 문 닫고 울창하지 마시라. 제발.
나에게 다가온 당신의 모습을 보고
나는 나를 사랑하는 사람인지 몰랐더라.
사랑하는 사람이 남달리 오시는 것인지
낯설어서 가만히 당신을 살폈더니
당신께서는 나를 온종일 기다린 사람처럼
"유려하게 보고 싶어요, 당신" 하시더라.

남자친구 여자친구

나는 말이오.
나는 정말로 연애를 잘 못하오.
연애를 곧잘 하게 생겼다고 남들은 말들
하지만, 나는 에게게 할 수줍은 정도로
연애를 잘 하지도 못했소. 아깝다고 하던데요.
다시 살 수 있다면 실컷 연애를 하고
싶다는 당신의 기막힌 말씀에 웃소. 웃기시작하오.
지금 시작해도 늦지 않소.
인생에 내 친구 몇 있어도 좋지만,
살아가는 동안 남자친구나 여자친구 있으면
삶의 생짜 기운 올라가는 상승곡선 있소,
앵앵앵, 쟁쟁쟁 다 들어주기 싫어하는
인간의 애달픈 귀찮은 소리
상대방 이성에게는 덜 귀찮아지는 건
아마도 내 부끄러움처럼 내 남자친구에게는
잔정 쏟은 투정으로 참아줄만 하잖소.
참, 그저 친구로만 있어야 하오. 단지, 무작정 친구

사랑을 묻거든

누가 묻거든 당신 때문에 산다는 그 말에,
가만히 당신만 생각한다는 그 말씀으로,
때로는 사랑을 만져보기나 하려나. 서툴게 .
생각해보면, 사랑은 떠나면 웃기고 만다. 결국.
날카롭고 건조하기만 했던 그날들에게 사랑이라고
이름 붙이기엔 유리알처럼 아스라하더라.
너무 작은 사람을 가지려 해서
너무 작은 사람은 그때만 필요했을 뿐.
사랑을 묻거든,
서서히 불현듯 예민한 마음으로 다가서더니
조용히 초조히 깊은 마음으로 간직하게 하더라.
지금 내게 커다란 의미가 되어버린 바로 그 좋은이.
이왕 가질 거라면, 최고를 꿈꿔보리라.
갖고 싶은 사람은 지천에 넘실대고 있습니다.

내 사람 인가요.

말을 연습하지 않아
제대로 마음을 보이지 못했네요.
사랑하는 사람을 만나러 갈 때는
연습을 해야 하나봐요.
"나는 이런 것을 원해요"라고
말해야 하는데 무턱대고
"나는 그런 것도 좋기도 해요"라고
말해서 당신을 원하는 것이었는데,
쓰잘데 없는 것 원하는 사람이 됐어요.
당신이여, 내 사람인가요.
내 마음에 온통 너뿐이라는 말 대신,
나는 당신을 하루도 생각하지 않은
날이 없었습니다. 태연한 마음 내비추는
이 마음 그대로 고스란히 받아주시겠어요.

똑바로 저어가며 봐라

네 눈물을 닦아주는 사람인지 살펴라.
네 눈물에 씨앗만 살피지 도통 관심도 없는 사람에게
되도 않는 연민 남기지 마라.
사람이 사람을 사랑하는 것에는 마음이 먼저 가야하거늘.
아무리 매달려도, 아무리 달려들어도
그 사람 네 눈물 닦을 생각 없다면 그대로 맹숭 서있습니다.
똑바로, 정확히, 제대로 나를 아끼는 사람인지 적중하라.
나의 아픔을 심금을 정말로 깊이 체감하는지 어디를
봐야 알 수 있을까.
사랑이여, 그대가 사랑이라고 명한
지독한 사랑이여.
세상을 아름답게 보기 위하여 내 눈물 닦아줄 사람을
쪼다육백인지 살펴 골라야 한다. 아니면, 선심 쓰는
마음만 뻥 뚫린 채로 서운함 그득 고이면 애잔하나니.

그대와 인연이 있다면

옅게 파마한 머리를 한쪽으로 빗어 올렸는데,
그저 올림머리였으면 조금은 나이가 들어 보였을 텐데,
묶듯이 올려서 얼굴의 아름다운 선이 더 고왔습니다.
앞마당에는 수련이 펴 물의 깊이를 알 수 없는 연못이
있고, 뒷배경으로 대나무대가 쭉쭉 벽을 타고 있습니다.
쑤욱 실내에 앉아있는데도 앞 뒤 배경이 마음에 들어와
온화한데, 차를 내어주시는 주인장의 은근한 모습에
한쪽에 가리워진 발에 마음이 더 순해집니다.
숱한 다기가 한쪽 배경에 모양을 달리하고
찻상에는 이름도 모르는 짙은 찻물이 따라집니다.
저리 곱게 늙어가는 여자는 누구와 살까.
"그대와 인연이 있다면" 그렇게 그 주인장은
삶에 인연을 찾았다고 하나니.
이리 고요하기만 한곳에 어찌 연분을 찾겠소.
이리 고아한데 어찌하여 제 향기를 못 찾겠소, 하듯 아름다운.

기억에 없습니다

사랑했냐고 묻지 마세요.
정말 한 번도 사랑한 마음이 없느냐고 묻지도 마세요.
생각나지 않는 사람 맞습니다.
황홀지경일 것 같은 사랑은 당신이 아닌 채로
아스라하게 지나갔고,
지독한 마음의 정은 아깝고 어색한 정따라 버렸습니다.
웃기지 마십시오. 지나가는 날들에
나는 혼자 저쯤에서 홀연히 아무생각 없이 걷고 있는데,
한사람이 내 옆을 스르르 지나가면 나는 못 본 척 할 것
같습니다. 만약에
내 마음이 조금이라도 남았다면, 당신 앞에 멈췄겠지요.
기억하십시오. 싫어졌습니다.
깨끗이 잊었습니다. 모릅니다.
나도 아닌 너는 아주, 모르는 사람입니다.

눈앞에 당신

한사람을 알게 되었습니다.
나는 그 사람이 좋습니다. 어떻게 좋냐면
가만히 혼자 앉아있는데 그 사람이 어디 있을까 궁금해요.
길을 걷다가 우연히 마주친 것처럼 그가 가는 곳에서
마주치고 싶어요.
나란히 앉아 살아온 이야기 하면서 나도 너처럼
좋다고 심장 울리게 바라보고 싶어요.
그 사람에게 내가 지금 있는 곳을, 마음의 메시지를 전달하고
싶은데 부끄럽네요.
그 사람이 나와 연락이 닿을 길을 알고 싶어 하면 좋겠는데.
원래 더 원하는 쪽이 더 급한 편이에요.
원래 더 간절한 사람이 더 애달픈 거죠.
제가 먼저 주지 않는 내 소식을 당신께서 궁금하세요.
연락하겠습니다, 눈앞에 당신이여

내가 아끼고 있어요

날씨가 별안간 흐릿해서 우산을 써야 할까 봐요.
한참을 맑던 날씨가 비가 오려나 왜 이렇게
안개가 자욱하지요. 흐릿하니 마음이 이상해요.
마음이 말이죠.
생각했던 사람도 많아지고, 없던 세포의 기지개가
살아나서 막 어쩔 줄 모르겠어요.
못하던 안하던 고백 되살아나네요.
내가 당신께 고백한다고 너무 당황하지 마세요.
알고 계셨는데 새삼스러운 듯 그런 건 아니시죠.
당신이라는 사람이 어느 날 내 맘 가득히.
당신이라는 사람이 별안간 나를 불러줄 때부터
나는 이미 당신 편이었어요.
혹시나 당신에게 불편한 일 있으면, 내가 가서
살펴주고 싶었다고요. 남들은 그것을 위로라고 하죠.
제가 당신을 아끼고 있어요.
멀리 가지 마시고 내 시선에 보이는 곳에 계세요.

그리 말씀하시면

깨알처럼 준 것도 많더라.
세어보니 당신이 나를 위하여 모시고 왔더라.
그 많은 마음과 그 많은 사랑과 그 많은 애착을
들고 당신이 나를 향해 선물로 포장을 했을 때
나는 엄청난 사랑이라고 믿고 싶었습니다.
내게 당신이라는 사람을 주신 신께 감사하고,
내게 당신이라는 사람을 주신 인간에게 절합니다.
이별은 함부로 말하는 게 아니지요.
우리의 사랑이 식어 이별을 하게 되면,
당신이 주신 모든 것을 어찌 돌려주어야 하는지요.
사사로운 물건질 때문에 내 갈 길을 안 가서는
아니 되겠지요. 방백의 흐느껴 우는 소리는 기대 마셔요.
푸르디푸른 싱싱해 넘쳐나는 파릇했던 내 시간을
당신이 쓰셨으니, 내 심줄 뒤덮어 놓으시오.
마음변질은 칼로 베어내기 좋은 생트집이 제일 아니랍니까.
말 잘 듣습니다. 서운하오나, 아쉽지는 않겠습니다.

당신이 좋습니다

숨기지는 않겠습니다.
당신이 좋습니다. 당신을 보면 여전히
느낌이 좋다고 생각했습니다.
허나 당신과 차를 마시는 그 이상,
당신과 그저 오늘의 이야기를 하는 그저 그 일상,
그 정도로 만족하겠습니다.
더 좋아해도 여기까지 하겠습니다.
당신의 매력에 아주 풍덩 빠졌다간,
서로의 마음을 확인한 만족대신에 수심이
빵빵해질 것 같습니다.
사랑하기 이전부터 좋았던 그 사람을
사랑하기 이후까지 어쩌란 말입니까.
그저 우리의 마음은 여기까지입니다.
나는 다른 사랑을 선택하는 절제를 기릅니다.
어쩌다 마음 가도 맘대로 결정하지 않습니다.

제 생각을 읽으세요

참으로 나는 내 사람을 갖지 않았나 했습니다.
내 사람이 없어 나는 쓸쓸하지는 않았지만,
한번쯤은 나에게도 마음을 이야기 할 사람이
있으면 좋으려나, 잠시 생각한 기억은 있습니다.
무슨 마음으로 제 사람이 될 생각을 했습니까.
어찌하여 저를 이토록 아껴주십니까.
이렇게까지 저를 소중히 하시는 까닭이
무엇입니까.
나를 바라보는 당신의 그 따스함에 나는
고개를 들지 못하고 있습니다.
그 사랑의 마음을 받을 자격이 있는지,
내가 나를 생각했습니다.
마음은 아랑곳하지 않고 당신이 계셨습니다.
당신이 내 사람 같아 나는 미치겠습니다.
까닭모를 발바닥 들고 뒤꿈치 딛습니다.

어서 오세요. 당신

당신과 밥을 먹고 싶습니다.
당신과 식사를 하며 이 반찬은 이렇고,
세심한 눈빛으로 짜릿하다고 말하고 싶습니다.
내가 언제부터 당신을 사랑했냐고요.
저도 몰라요, 그 중요한 일을 모를 리 있냐고요.
사랑을 셀 수 있다면, 몇 만 번을 세었겠지만
희미하게 마음으로 스며드는 사랑의 감정은
도대체가 잡혔다가 또 잊어지며 헷갈립니다.
잡았지만 내 것이 아니기도 흐느적 하죠.
겨자 맛 와사비 맛 입에 들어옵니다.
당신이여, 얼마나 내가 당신과 마주앉아
당신의 눈 대신에 식탁에 눈 주며,
다소곳하게 식사를 하는 나를 바라보는
당신을 생각하기도 했는지요.
어서 오세요. 당신.
우리가 정말 사랑하는 사이인가요.
사랑을 확인할 방법 없이 꼬옥 눈치 되새깁니다.

당신처럼 좋은 사람을

하루 종일 외워봐야지. 그 이름.
나를 졸졸 따라다니며 내 이름을 불러주던
그 사람은 내가 없는 것을 많이 가진
참 좋은 사람입니다.
그 사람의 이름을 불러봅니다.
닫혀진 공간이 아닌 널찍한 미세한 하늘의
조각마다 다른 공기와 맞닿아 숨결마다
 퍼지는 하늘 펼쳐진 공중 파티를 합니다.
술 서너잔 대신, 도수 다른 초록 술병과
쏟아지는 컵잔에 따르자 우르르 넘칩니다.
사랑도 넘쳐달라고 조르지 않습니다.
저는 잔잔한 사랑을 무지 좋아합니다.
불타오르지 마십시오.
당신처럼 근사한 사람은 은근히, 차분히
잔잔하게 그득하게 안아주는 일 하십시오.

까다롭습니다

처음에 혼자였듯이
혼자라는 것은 자연스럽죠.
저는 원래 잘 사람 안 만납니다.
그래요, 남자는 여자를
여자는 남자에게 마음 끌리죠.
괜찮아요, 좋아하는 게 당연해요.
허나 그 남자보다 더 좋은 게
뭔지 가르쳐 드릴까요.
죽어도 끝까지 지켜주는 그 마음.
그런 사람 가지셨나요.
질근거리며 알 수 없는 삶의 길.
우리 맘속 누가 알겠소.
항상 생각하고 있었어요.
참았던 마음 생각하다 연락드리죠.
까닭 없이 다가옵니다. 당신

나 말이유. 사람 있어

내가 최고로 좋아하는 거야.
보내줘서 고마워
할머니의 꼬불탕 머리와 까맣게 염색한 머리의
뒷모습으로 보이는 펼치는 핸드폰이 너무 작아서,
화면도 째고마한 오래된 옛날 핸드폰이어서.
차창 밖을 내다보다가 눈길을 앞의 좌석으로 돌렸죠.
'돌봐주시는 자녀가 없는가 보다'합니다.
그 낡고 작은 핸폰으로 전화를 거는 할머니는
누가 보내준 먹거리를 말씀하시며, 연신
잘 먹겠다고 더하여
"내가 최고로 좋아하는 거야. 잘 먹을게"
영민한 노인처럼 말씀을 콕 집어 잘하시던지.
그저 통화만 되면 됐지 핸폰은 왜 바꾸냐고
손 저으셨을지 모를 그 할머니에게
자식이든 지인이든 챙겨주는 사람이 있어
엿들었던 내가 기쁘기까지 하다니.
나, 말이유. 사람 있어. 봐봐 챙겨주잖아.

그리움이 더해지면

아쉬울 것 뭐 있습니까. 어차피
우리가 못 가진 것이 어디 하나둘
이었겠습니까. 다 가질 수는 없습니다.
그래도 가장 갖고 싶은 것을 가졌으니
다행입니다. 가장 갖고 싶은 것은
당신이었습니다.
당신부터 내 사람이었으면 했습니다.
언제나 내 사람으로 곁에 있어주십시오.
내 눈이 닿는 곳에서 내 소소한 발걸음소리
들어주십시오.
공기들이 모여들어 온통 그윽한 마음
가득해지면 내가 당신을 얼마나
그리워했는지 느낄 겁니다.
그리움이 더해지면, 나날이 허구한 날
당신을 갖기 전에 그 생각만 했습니다.
정말 내 사람 맞을까, 바로 그 생각요.

샌님 같으세요

우락부락한 그 사람의 모습과 달리
천생 내성적인 모습그대로입니다.
태연하게 아무렇지도 않게 항시 그렇듯
내색을 안 하시죠. 그럴 줄 알았습니다.
두발을 모은 채로 아침에 만난 그 모습처럼
저녁에 만나도 달라진 모습은 없습니다.
두 손도 모으시면서 말하고 화가 나도
눈살만 찌푸리지 목소리 톤은 같습니다.
나중에 당신이 화가 난 것을 알아냈습니다.
어머나, 그런 모습도 있으시긴 하네요.
샌님은 좋은 장소를 앉혀놔도 다르지는 않군요.
두 발과 두 손 모두 건축도감 따라 달라져 지은
그 건축물 양식에 여전히 가만히 얹고.
우리 엄마가 그러시는데, 샌님 만나 살면,
집수리는 마누라가 다 고쳐야 한대요.

당신께서 책임질 필요는 없으시지만

사는 게 재미있는 연유 묻겠습니다.
사는 게 집어던지고 싶지 않아야 할
숱한 까닭 있습니까.
참 좋은 이 당신 같은 사람을 알아
겹겹이 더해 하루 종일 웃은 기억 있습니다.
나를 안다고 손을 쳐들며 내가 당신을
보호해줄 사람이라고 번쩍 손들 당신을.
당신이라는 사람을 아니 본 체 했으면 나는
어찌했을까요.
<사람 하나를 갖는 일이
그리도 엄청나게 무진장하게 간절한
것임을 당신을 알고 느꼈습니다.>
당신께서 내 쓸쓸함을 책임 질 필요는
없으시겠지만, 진정
당신께서 내 사람이길 원했습니다.
매일마냥
"당신을 보는 게 저는 즐겁소."

계절 나들이

사람들이 지나갑니다.
바라보듯 보는 듯 그들 좋으라고 가꾼 거리의
꽃 향이 공기에 마음 쓸 것 같습니다.
허공의 새들도 가장 좋은 길 찾습니다.
어느새 계절이 바뀌어 내 마음도
여러 마음을 겹을 더했습니다.
그대 손잡고 걷는 그 길에 긴 생각을 하죠.
하루 종일 그대 생각을 했다는 그 말씀,

지나가는 계절에도 믿겠습니다.
나는 한참을 살핍니다. 기대겠습니다.
예쁜 사람 많죠.
좋고도 멋진 사람도 많아요.
그런데 저는 당신만 필요합니다.

PART 5
다른 시선

삶에 기쁨이 온다면

살아가는 일이 아득할 때가 왜 없겠습니까.
아득하기만 해도 갈 길을 잃는데, 그 살얼음은
결단도 없이 그저 아스러지기도 합니다.
열심히 살았는지, 허슬렁하게 살았는지 알길 없죠.
그래도 순간에 무언가를 위해 무진장 애썼을 것입니다.
다만 결과로 나타나지 않아 측은해집니다.
같이 낚시라도 갈 사람은 없는가.
누구인들 잘 살아보려 하지 않았겠는가.
누구의 인생인들 달려가 잘되려 하지 않았겠는가.
아니 된 것을 붙들지도 못하고 그저 아무것도 하기 싫어졌다 한들
그대는 내게 냉냉하겠는가.
기대도 하지 못하던 기쁨이 올지도 모르니, 너무 삶을
아파하지 마시라. 어찌 인생이 계획된 것으로만 살겠는가.
당신에게도 왕관이 올지 모르겠습니다.

술 한 잔 사들고 오소서

술은 내력인가 보다, 아니면 술은 습관인가
워낙 아버지께서 술을 잘 드셨기도 하지만
몸 건강만 생각하지 않는다면, 알딸딸 술만큼
좋은 것이 어디 있으랴.
탄산수만 마셔도 취하는 사람도 있고,
소주한잔에 불타오르는 사람도 있지 않은가.
술을 끊으려 했지만, 시간이 안 가는 느낌이 옵니다.
금주를 하니 시간을 잘 요긴하게 쓸 수도 있지만,
좋은 것과 나쁜 것이 같이 가는 것이 세상 이치려니.
유안진 선생님의 <지란지교를 꿈꾸며>처럼
이렇게 술을 멀리하고 있는 때에 누군가
술 한 잔 사들고 나를 방문해 주었으면 하는 생각이
가끔 스치기도 하죠. 핑계 김에
절주동안 친구의 술 한 잔은 흥분 이상입니다.

선택

프로스트의 시에도 있듯이 가지 않은 길에 대한 선택은

누구나 기꺼이 있습니다.

하루를 살면서 우리는 숱한 선택을 하며 지내지요.

무엇을 먹을까.

누구와 함께 할까

어디를 갈까, 그리고

당신을 맞이해도 괜찮을까.

사소한 선택은 그냥 일상이겠지만 아주 중요한 선택의

귀로에서 발휘할 수 있는 족집게는 어떻게 얻을까.

순간에 포착으로 삶이 달라진다면

제발 내게 그런 것을 잘 가늠할 수 있는 능력을 주오.

선택하지 말아야 할 것을 선택했던 삶에서

가질 수 없는 것은 많았습니다. 내 것이 아니었던 거죠.

하여, 내 선택 뚝박아 보호받을 수 있는 것 놓치지 않을려구요.

우리가 나무를 바라보는데, 나무는 우리를 바라본다 하네 〈1〉

세상은 다시 세수를 하고 거리로 나왔습니다.
누가 이리도 아름다운 거리를 만들었는가.
나무들이 밑둥이 잘라져 털갈이를 하듯,
 건재한 뿌리를 다시 부탁하고 있었습니다.
한 모둠의 나무는 초록으로 넓고 탄탄한 이파리가
어느새 봄맞이를 한 듯 만질합니다.
한 모둠의 나무는 이파리가 다 떨어져 나가
날씬한 듯 메마른 듯 갈색으로 왜소하게 서있고,
그 위에 커다란 나무들이 흘린 널따란 갈색 이파리까지
떨어져 있어 고즈넉합니다.
초록 모둠과 갈색 모둠으로 거리의 차선과 인도는
작은 거리감을 두고 마주봅니다.
절대 갈색 모둠이 모자라 보이지 않는 까닭은
더 살아본 인품 때문입니다.

우리가 나무를 바라보는데,
나무는 우리를 바라본다 하네 <2>

가벼운 옷차림을 하고 싶은 사람들은 그 나무들을
바라보며, 하늘거리는 옷으로 바꿔 입어도 되나 합니다.
나무들을 흘금 보더니,
"그래 봄이 왔네. 어김없이.
어찌 계절의 순환을 비껴가겠나" 하며 온통
새것들에 대한 약속을 준비한다네. 새것 되어 와라.
허나 나무들은 반대의 생각들을 하고 있다니.
"사람구경 하고 싶었는데, 드디어 스카프 날리며
잘들 놀러 나온다" 라고 .
들리는 나무들의 소리는 없지만 사람들이 나무구경을
하기만 하는 것은 아니라는 생각이 문득.
왜냐하면 큰 나무가 떨어트린 잎푸른 큼직한 나뭇잎이
자꾸만 사람들 구경하려고 팔랑소리 지그시 냅니다.

우리는 믿었다

사람이 사람을 믿는다는 것,
사람이 사람을 끝까지 믿는다는 것.
몇 번을 지켜야 할 약속이 허사가 되었음을 인지하고 있는데도,
그 사람을 애써 믿는 마음은 어떤 것일까.
두고두고 사랑했음으로 믿기도 했으나, 때론 섭섭하기도 했을.
그 사람을 믿어주고 싶은 마음은 무엇일까.
사랑보다 귀한 것을 나누고 있으니,
변치 않을 귀한 내 사람으로 자리 잡으니,
정말 그 사람을 갖고 싶다면
아니, 그래도 그 사람이 좋다면
설령 당신께서 조금의 섭섭함은 있더라도 믿으시라.
언젠가 그 사람은 정말 당신의 믿음을 지키는
진짜배기 당신 사람이어라.

나긋이 다가가도 마음은 알아차리네 <1>

자연을 누가 가꾸냐고 물으시면, 스스로 생성되고
커가고 있지 않느냐고 거슬릴 수 없는 자연의 섭리에
놀라다가도, 다시 한 번 그 자연을 돌아봅니다.
겨울 내내 나무들은 정말 춥지 않았을까.
무엇으로 그리도 잘 버텨나갈 수 있었을까.
나라 살림하는 아저씨들이 겨우내 짚으로 싸주지만
그 이상 해준 것도 없는데도 잘도 살아내 다시
지금을 맞았습니다.
자연은 싱그런 계절을 맞이하여 좋다고 호들갑을
떨지 않고, 다만 그 나무 꼭대기에 선명한 구름만
더 잘 보이게 하며 하늘까지 손 쳐들게 합니다.
나무들이 신선한 바람에 살짝 흔들리더니 꽃망울이
터지지 않고 샘솟아 하늘인지 땅인지
시나브로 물들었습니다.

나긋이 다가가도 마음은 알아차리네 <2>

봄 편지는 쓰지 않겠어요,
사랑한다는 말은 절대 하지 않겠어요.
사람에게 쓰지 못하는 편지를 누구에게 써야할지
고민했어요.
내 편지를 읽고 그 편지의 내용대로 말없이 따라줄
사람을 찾고 있었어요.
미루나무는 너무 높아서 쳐다보지 못할 정도인데
조각구름이 꼭대기에서 고백하라네요.
내 편지에는 어떤 내용이 쓰여 있는지 아세요.
제가 작은 사랑을 준다고 섭섭해 하지 마세요.
제가 마음의 말을 다 들려주지 못한다고 서운치도 마세요.
제가 당신께 달려가지 못한 이유가 나 때문이 아니라,
지나치게 높은 당신 때문이라는 것을 깨달으세요.
바로 당신 때문이라고요.

성공이 얼마나 좋으냐면

잘 안 풀려 바라보는 사람도 처절하지만
본인 마음구석이야 오죽하겠냐마는.
이제 풀릴 때도 되지 않았냐고, 구박소리 저만치서.
타고난 팔자대로 사는 거라지만, 가만 뜯어보면 그리
팔자가 나쁠 것 같지도 않은데 왜 그리 쭈구리인지 인상을
뜯어보고 고쳐보고 살핍니다. 탱탱 복스럽게 생겼고만.
우리네 인생에 그 사람이 어떤 삶으로 풀리지 무엇으로 아오.
그의 인생에 전환기가 왔으니, 성공을 거머쥐었다네.
지지리 궁상떨던 것 먼저 다 버리시고 새신하시오.
오, 무엇보다
당신에게 던지던 내쳤던 그 말들이 달라져 오는 것이오.
그럴 줄 알았지. "난 언젠가 제대로 된 인생 만날 줄 알았지."
지나고 지나서기도 하는 인생사,
청년들이여. 푸른빛 와이셔츠 입고 오늘 출근하십시오.

홀로 견디게 하소서

누구에게 기대하는 마음이여.
누군가를 의지하고 그가 나를 위해 그만큼을 해주기를 바라는
그 극진한 마음을 왜 기대하는가.
살아가는 일이 가끔은 살벌하고 도저히 막막하기 그지없어도
결국은 혼자 견뎌야 하리라.
삶은 누구의 편도 아니며, 삶은 낙오자에 너그럽기 까지는
너무 늦게 찾아오는 것을. 너무 늦게 위로되는 것만도 다행이리.
제발 나에게 먼저 다가와 나만큼의 상처를 덜어달라고
애원하고 싶지만 쓸데없는 치근덕입니다.
홀로 견디게 하소서.
내가 그를 위로하지 못할지언정, 바라지 말고 홀로.
사는 일이 홀로 견뎌낸 후 다가와 주는 누군가를
맞는 일이라면, 그 아픔 헤아리지 말고.
내가 필요로 할 때 당신은 내 곁에 계셨는가.
오는 듯 오시는 듯 망설이면 내 사람 아닙니다.
차라리 홀로 견디는 게 사무치지 않으리라.

오해야, 아는 척 마

남에게 들은 소리라 절대적으로 믿었다구요.
사람들이 그리 말하더라구요.
들리는 말에 의하면 혼자 떠들었다고 합디다.
변명을 해야 오해가 풀리니 떠들었겠죠.
무기도 없는 세상에서
무기하나는 있어야 무찌르고 방어하고 할
인생살이인데, 그저 말로 이기려 했나 보죠.
민첩하게 약은 사람이 아니어서,
창과 방패 노릇은 입이 아닌 것을 몰랐을 겁니다.
남들이 하는 소리 다 어찌 막아냅니까.
그저 그러려니 하세요.
빗물이 내리면 씻길 것이고, 털어버릴 수 없는
오해라는 질척이는 마음의 오기는
기다리면 해결되는 순리처럼 풀릴 겁니다.
아는 척 마십시오. 오해라고 하잖습니까.

심리적 해석

믿지 않습니다.
미울 것이 뭐 있습니까.
골목을 뒤돌아 내가 원하던 그 자리에
가보니 내가 생각한 것과 달랐습니다.
상상으로는 대단한 것을 맞닥뜨릴 것처럼
나는 원했으나, 눈으로 보니 귀로 들어보니
회색빛 담벼락의 나무대문도 달랐습니다.
장희빈의 그 소란한 독기가 님 향한을 위한
처절한 마음이라고 하는데 왜 믿지 않나요.
진즉에 당신의 절절한 그 심리적 무늬도
어쩌면 무엇을 위한 것이었을진대
"가진 것은 이것뿐인데,
내 소중한 것을 얼룩지게 할까봐"
변명이 아니라 심리해석입니다.
정확히 변명하려고 하셨군요.
"무심히, 다 내어 놓으면 됩니다."

그렇게 말씀 해 주세요

어디 아프냐고 당신께서 물으셨습니까.
섬세하게, 나긋하게 그리고 예민하게
당신은 묻고 나는 대답해야 하죠.
아니요, 나는 답할 줄 모르는 사람처럼
어쩌면 말하지 않을지도 모릅니다.
속사정 말하며 기대고 싶었지요.
거듭니다. 어려운 일입니다.
살다보니 살아보니 나의 문제는 내가 해결하는 길밖에.
잘 해결하여 놓고 싶습니다.
신경치료 의사선생 말씀하셨습니다.
절대 마음 다치지 않는 긍정적인 사람이라고,
누구와 놀까 생각해 볼게요.
아, 당신 맞아요 빨리 놀아요!
진실 말해 주시면 성가셔도 친구할게요.

그런 마음으로 행복하잖아요

가느다란 나뭇가지는 나뭇잎을 달고
있기가 힘들지 않을까요. 뻗을 대로 뻗은
나뭇가지에 달린 잎새조차 아슬해서.
산다는 게 쓰라릴 수 있지.
살아가는 것이 언제나 지꾸땡일 수 없지.
내 마음에 네 마음 갖다 붙이지 마세요.
나는 그런 마음으로 아픈 게 아니니,
당신은 그런 마음으로 행복하잖아요.
알 수 없어요. 알고 싶지도 않아요.
딸기는커녕 들깨육개장 국물도 아껴먹는
노동자의 날품살이.
왜 힘드냐고 묻지 마세요. 당신도 알잖아요.
휘청이는 삶의 지렛대
대단하게 완연하게 나도 꽂아봅시다.

고상하시네요

마음에 드시는지요.
마음에 드시는군요.
못마땅하시나봐요, 표현하세요.
살면서 화끈하게 좋을 때도 가만있었는데
이쯤이야 대수가 아니신가봐요.
얼굴에 조합된 눈코입의 표정을 살펴
상대의 마음을 읽고 싶은데요.
미동도 없으시네요. 원래 그러신가요.
혹시 혼자서 울그락불그락 뜨거운 커피
거부하고 얼음 씹고 계신지요.
네, 달라질게 없다고요.
나의 부르르가 달라질게 없는데
입은 왜 벌립니까. 맞습니다.
고상하시네요.

너랑 안 놀아

절실했습니다.
당신에게 말한 이유는 이유가 있지요.
매일을 기다리며, 당신의 설명을
원했습니다.
아무 말도 없이 아무 사연도 없이
그저 나만 애탑니다.
애가 탄다고, 당신께서 나처럼
신경 써주시지는 않군요.
그래요. 아니었던 거죠.
뿌리까지 보인 나의 절실한 심정을
어느새 잊어버리셨군요.
그깟 것도 자세한 설명도 없이
내쳐둔 사람은 이제 여기까지입니다.
그만, 당신과 놀고 싶어요.
전화도 안하고 얘기도 그만 할 거예요.
우린 그 정도로만 원했습니다.
이제부터, 너랑 안 놀아.

TV 그녀들처럼 살다

"저 땅이야"
"저 땅을 다 바쳤다구!, 우와"
인간을 말하는 큰언니, 사랑을 말하는 민해, 그리움을 말하는 말순,
Tv드라마를 준비하면서, 시놉시스를 쓰는데 문득 삶의 언저리를
생각합니다. 부러우신가.
여자의 인생이 뒤웅박 팔자라는 말이 정석인지는 더 살아봐야
이해할 거라면, 당신은 아직 젊어요.
인생을 말하는 중년의 주인공이 사랑하는 남자와 맺어지지는
못했으나 그 남자는 그녀에게 가진 재산의 전부를 주면서
그녀가 노른자 같은 삶을 살게 된다는 대강의 시놉시스.
함께한 그녀의 여자들은 그렇게 대사를 칩니다.
"남자가 얼마나 사랑해야 떠나면서.
가진 재산을 그렇게 많이 줄까"
글쎄, 사랑한다고 하면서도 재산이나 물질에는 인색하면서
마음만 주는 것이 사랑이냐고 묻고 싶은데,
사랑하면 물질부터 간다는데,
부디 '사람 나름'이라고 말해 주시겠어요.

예스 또 예스

잔뜩 피어난 자연의 만개는 누가 심었는지
누가 씨를 뿌렸는지 모를 정도로 산발합니다.
아랑곳하지 않는 재주는 누가 부렸는지
초췌한 더미들이 흔들거리는 장소에서도
얼마나 화려하게 흐드러지게 피어났는지
색마다 바라보는 이의 마음을 빼앗았습니다.
흐르는 물결의 물이랑 하늘거리듯
아래로 흐르는 것이건만 그저 시간이
흐르듯이 퍼지듯 짙푸른 깊이도 모를 내천입니다.
강도 아니고 바다도 아닌 동네 내천의
작은 물결을 보며 장보고 온 모녀는 말합니다.
"자신에게 너그러워야지 살지.
그렇게 불만투성이여서 무엇으로 살아내노."
예스 또 예스 하며 살았을, 견뎠을 어른은
자식의 불만주댕이에 맘속 푸념 내던집니다.

그깟게 뭐 대수를 판가름할까요

기분 좋은 여자들이 많습니다.
그러게 남편 밥이 제일 편하다잖아요.
뭐라고요, 없는게 나은 남편도 많다구요.
한 여자는 아이를 혼자 키우느라 손톱만 도대체 까졌겠습니까.
한 여자는 걷어차고 벗어났는데
그것도 인생의 희락 없다고요.
맞아요, 그깟게 뭐 대수를 판가름할까요.
내가 말하는 것은 신경쓸 겨를 없이 그저 인생
까무러치게 살아내느라고 숨이 턱까지 찼습니다.
옛날에는 곳갓만 차면 밥 먹는 줄 알았는데,
계란밥에 간장 비벼 먹으면 되는 줄 알았는데,
케이크 조각 날름 먹고서는 시간을 재는
삶의 방향 찾으려고 어느메 살까 땅지도 찾아봅니다.

별것 아니에요

가장 중요한 것은 무엇일까.
가장 가치 있는 것은 무엇일까.
왜 별것 아닌 것에 그토록 갈등하는 걸까.
내가 중요하게 생각하는 것을 당신은 중요하지 않은 게
그것이 문제다. 나는 중요하다 말입니다.
사사로운 종이에 쓰여 있는 작은 글자,
색깔별로 달라 보이는 펜슬,
전혀 당신에게 사사로운 나부랭이들이.
어릴 때 부모님께, 선생님께, 혼날까봐
다 찢어버리고 싶었던 그 작은 것들이
시간이 지나고 나면 별것 아니었습니다.
별것의 진정한 가치는 무엇입니까.
오늘도 나는 그 별것이 먼후일,
아무것도 아니었음을 알며 길을 잃지 않고 싶습니다.

누구 앞에서 잘난 척이야

잘난 척 좋지, 잘난척 해보셨어요.
자 지금부터 폼나게 잘난 척 좀 해보세.
잘 들어야 잘났는지 알 수 있어.
얼굴이 보름달을 닮아 동그래서 복이란 다
쓸어 모아 정경부인자리 쟁취하고 말았지
목소리로 말하는 렛잇고는 나이 구분 없이 간절해
그 소리만 나오면 망토 둘르고 보디가드 나타날거야.
누구냐고, 나 겨울왕국 주인공. 모르진 않지.
그래 만화 속 주인공은 잘난 척 한다고 쳐.
사람 많은 이 세상 얼마나 잘난 사람 쌔고 쌨는데
그 정도로 잘난 척 하냐고 물어도 됩니까.
돈자랑, 미모자랑, 지식자랑 다 재어 봐도 눈금 올려도
진정한 잘난 사람은 그냥 알아준다니까.
너, 너 말야 지금부터 내 앞에서 잘난 척 하지마.

뒤통수는 친구가 때리면 안돼

참 친했습니다. 이해관계도 특별했습니다.
의리 지키며 악수하는 사이였습니다.
물론, 둘은 친구인 것이 좋아 어깨동무 했습니다.
사방팔방에 소문 날 정도로 함께 친구인 것을 과시했고
나도 잘났고 내 친구도 잘났으니, 유유상종 끼리끼리 입니다.
친구의 위기가 위선으로 변질되었습니다.
내가 알던 친구가 아니라는 판단이 섰습니다.
정의를 외쳐야겠어요. 정의는 이때 외치는 것이죠.
친구의 변칙과 친구의 일그러진 욕망에 분노하여
모두가 알게 비난하기 시작합니다. 팍팍팍.
듣는 친구의 반응은 우리는 모릅니다. 다만 잘 안다는 친구가
비난하니 정말 그런가 보다 합니다.
뒤통수는 말이죠, 친구가 치는 것은 아니에요.
그냥 말마시고 가만있으세요. 보기 불편합니다.

설명을 해주시면 알잖아요

그의 침묵이 나를 위한 것이 아님을 알았습니다.
그의 침묵이 성향 때문이라는 것을 알게 됐습니다.
조금 빨리 알았더라면, 나는 그토록 심하디 심하게
애원하지 않았을 텐데요.
왜 설명을 안 하시는 거죠.
설명을 하면 상황을 이해할 것이고, 상황파악이 되면
무슨 말인지 자연스레 설득 되었을 텐데요.
말로 당신의 입으로 말해서, 찌그러지는 속마음을
혹여나 보고 싶지 않았더라도, 설명을 해주셔야 하죠.
그래야 상대방이 덜 답답하지요.
설명도 없이, 결과로 타인이라는 사람을 이해하길
바란다면 오산입니다. 됐습니다.
성격 바꾸십시오. 말없는 사람인 것은 어울리는데,
제대로 말 안하는 것은 입맛 없어집니다.
커다란 분인지 알았는데 시시한 사람이었군요.

삶은 보상받는다

사람에게 별안간 천운이 내려지기라도 하면,
사람들은 별 희한한 말들을 내려 쏟아 붓습다.
그리될 줄 알았다거나, 조상 덕을 보아서 그렇다,
대대손손 자식까지 내려올 착한 끝이다 까지.
가끔 생각지도 않은 인물이 아주 오랜 만에 뉴스에
소위 성공해 등장합니다. 어련하시겠습니까.
"어머나, 저 사람이 그동안 그렇게 자신을
쌓고 있었구나, 그래 할만해. 부족하지 않아"
궁금했는데, 시대의 명사로 있다가 조용히 살림만
하는 줄 알았고, 좀 아깝게 시집가 덜 대우 받고
사는 것 같았는데...
아니었구나, 그런 성실한 남편 만나 더 능력 쌓을 수 있었고,
태생이 조용한 것처럼 뒤에서 일하더니, 드디어
삶을 보상받는구나.
세상은 덜 보상해준 사람한테 언젠가 갚는단다.
당신이 당신생각보다
 덜 누리고 있다면, 기다리는 가운데 복덩이 굴러옵니다.

재능아 재주를 부려다오

유전자의 생포에 놀라움 금치 못한 현상입니다.
아이들 강의를 할 때 그 엄마에 바로,
그 자식임을 여실히 느낄 때가 수도 없이 눈치 챘죠.
생물학적으로 부모와 자식사이에 유전의 대물림은
몇 프로나 될까.
아무리 비싼 돈으로 공부를 시켜도 예체능의 경우는
타고난 재능을 따라가지 못하는 것 같습니다.
자신은 잘한다고 그림을, 운동을. 글을 선보여도
채점을 하고 오랜 숙련된 은사들은 이미 눈으로
제대로의 가치인지 알고 갑니다. 물론 때론
어설픈 보석의 무평가도 있겠지만...... 대개는.
발군이라던 과거의 작품을 읽어보면,
말 못하고 미소로 쓰윽 민망하기 그지없습니다.
신이시여, 타고난 재주를 갖지 않았음에 과히
작품이라 명명하여 어느 경지를 다가설지 봐주십쇼.

옆에서 살아 줄래요

영원히 한 몸으로 살다 가면 좋겠는데,
그러지 못하면 나 혼자 남겠지요.
제가 늙어서 친구를 가져도 야단치지 마세요.
친구가 있으면 아주 좋겠습니다.
손을 잡고 싶지 않고 살결을 비비지 않아도
그냥 옆에 있다는 것으로 만족하지요.
높바람이 불면 바람이 차구나, 그 바람의 깊이를 알고
더운 햇빛이 넘치면 살갗 탈까봐 걱정보다,
서로를 부르면서 우리 같이 흰머리라 아무렇지 않아하는
그 좋은 친구가 늙어서 있으면 좋겠어요.
나는 그 친구와는 노닐다가, 가장 가까운 근접한
내 옆집에 집을 짓고 살게 하고 싶어요.
그러게 내가 인생의 새 친구 갖지 않게 나의 곁에
당신이라는 사람 오래 함께 살아주십쇼.
그런다고 빨리, 지금 말해줘요.

짓밟기만 해봐라

날씨가 좋아 나풀거리는 치마를 무릎보다 길게
입고 마실을 가면 좋으려나.
<내 친구는 예쁜 엄마를 자랑이라도 하고 싶어.
손잡은 손 보조 맞출 때마다, 엄마 얼굴 바라다본다.>
벽돌바닥 구석마다에 조각조각 사이로 어여쁜 잎들이
잘도 얼굴을 들이민다.
아무리 밟지 않으려고 피해 가려해도 어수선하게
마음대로 피어 자라 피해 갈 수가 없구나.
한 발 들어 피해 저기 돌 밟으면, 나도 몰래
밟아 버렸다니.
서러운 일만 밟아 버려라.
지기 싫은 일만 밟아 버려라.
짓밟아 버리고 싶었던 미운 생각이 돌돌이처럼
되살아나거든, 다시 한 번 돌이켜라.
내가 밟아버리고 싶었던 순간의 삶에,
혹시 부들거리며 짓밟기만 해봐라, 생각은 없었겠는가.

열을 내리세요

순서가 있는 것이죠.
맞아요 아주 급한데, 그래도 순서를 정해요.
밀고 밀쳐서 당신이 먼저 마음 보인다고
어찌 다 받을 수 있겠어요.
내가 살아온 인생을 당신이 무엇으로
알겠소.
빤지르르한 당신 겉모습만 보이고 있소.
당신이 살다온 인생을 내가 무엇으로
눈치 채겠소,
행색이 누추한들 그것이 어찌 세월의
품격을 잡아들이겠는가 말이오.
몸에 열정이 식었던들, 몸에 열이 치솟던들
나는 모르오. 그저 순서 지켜 삽시다.
그러면 하나하나 삶의 풍습 익어가오.

만약 당신이시라면

만약이 어디 있습니까.
만약은 목이 탑니다. 상상도 못하느냐고 묻네요.
만약 내가 당신과 팔짱을 끼고 걷는다면,
만약 내가 저 푸른 위에 그림자도 머무는
아름다운 성 같은 집을 갖는다면
만약 내가 인생을 꾸짖는다면,
살아가는 일이 때로는 진정하기에
마음이 흥할 만큼 좋습니다.
살아가는 일이 애절한 시름을
감출만큼 마음이 쓰립니다.
미리 마음을 걸지 않겠습니다.
신이시어, 살아가는 인생 속에서
살아내야 할 이유를 보게 하소서.
당신과 입장이야 다르지만
다른 마음도 때로는 있으시겠지만,
함께 걸어야 할 길에 좋은 끝 있습니다.

고마운 인사는 하셔야죠.

수다스러워야 마음이 전달되는 것은
아니지 않습니까.
고개를 깊이 숙이며, 감사에 감사를
전하며 그 고마운 사람이 뒤돌아 갈 때까지
길게 배웅하며 인사를 합니다.
사람에게 신세를 지고 나서 인사를 받을 때
그 인사를 하는 상대의 성향이나 모습도
참으로 가지각색입니다.
지나치게 호들갑을 떨며 고마움을 겹겹이
더해 그 인사 듣는 사람이 다 민망할 정도로,
짧은 마음으로 고마움을 표시하고는 그 마음이
전부인양 감사를 표시하는 경우.
당신은 어떠신가. 고마운 인사는 인색하신가요.
고마운 사람이 당신에게 베풀었던 거리에는
당신을 마음에 자리 잡은 크기만큼으로 배로
늘려 있는 힘껏 도우는 것이리라.

고마운 인사는 조금 더 크게 하셔도 됩니다.

왜냐하면 그리 '날 위한 사람은'

생각처럼 천지는 아니니까요.

사람마음이 그런들

참 재미있기도 합니다.
여우는 두루미를 초대해 놓고 넓적한 접시에
수프를 내어 놓는다,
깨지락 못 먹고 가는 여우의 얄미운 입날에
쌍심지 켭니다. 간지러우신가 봐요.
이름도 재미있는 콩쥐와 팥쥐는 우리가 아는
콩과 팥 대신에 선함과 악함을 쥐어짠다.
내 새끼 아니 이쁜 사람 어디 있을까마는,
동화 속에서 팥쥐 엄마는 양심도 없다.
팥쥐의 심술에 콩쥐의 노동은 하루가 멀다 하고
푸짐하다.
우렁각시 나와라 똑딱, 정나미 나와라 뚝딱.
사람마음이 그런들, 언젠가 세상이 알아본다는데.
놀부 마누라가 때린 주걱의 볼때기 그것마저
괜찮아 망라한 이유. 세상 일 변화무쌍입니다.

왠지 오래 갑니다

잠을 자고 나면 다 잊을 일들을,
하룻밤 지나고 나면 아무것도 아니라고
그깟 것 무슨 대수냐고 처절히 발길질 할 일이
왠지 오래 갑니다.
서러워 폭발할 일은 물론 아닙니다.
그저 마음에 생채기 났을 뿐입니다.
상처보다 심한 더한 다짐을 한 어젯밤입니다.
저는 뒤끝 있습니다. 작렬 부릴 것입니다.
우리네 인생에 사랑도 있고 삶의 허무도 있다면
나의 자잘한 허무 건드리지 마십시오.
견디는 것 같지만 처절하게 바싹 마릅니다.
심술이 차오르면 입까지 붙습니다.
당신이 아무렇지도 않게 당신의 생각을
말했는데, 나는 인생이 아플 만큼 찌릅니다.
말하지 마십시오. 혼자 그렇다고 생각하세요. 제발

무시하지 마시오

규칙입니다.
반드시 잘 지켜야 할 사람들의 규칙입니다.
뭐 그리 심각하게 받아들일 일이냐고요?
중요한 것을 중요하지 않게 생각하는 버릇은
어디에서 배웠습니까.
남들은 다 애쓰는데, 초연하게 무시한 채
독보적 걸음으로 마음대로 버릇은 누구에게
덕지덕지 쳐 바른 배짱입니까.
터널은 빠져 나와야 하고, 고통은 머뭇거림 없이
벗어나야 합니다.
하지 말라는 것 하지 마시고,
좋지 않은 것이라는 것은 빠르게 인지하시고,
나는 괜찮으리라는 잡식성 생각 버리세요.
자 뜨끔하신가요, 주사는 안 놓습니다.
스스로 깨달아야 낫는 버릇입니다.
무시하지 마시오. 더불어 사는 세상살이

들들 볶아쳤습니다

잘못한 것도 없는데 그냥 들어준 거라구요.
한심한 생각이 들도록 묵묵부답으로 응대
하니 나가떨어진 거라고요.
당신은 참 무심한 사람이군요.
당신을 향하여 그리도 들들 볶아치는 사람의
마음에 쇠꼬챙이 박지 마세요.
오죽하면 들들 볶아치겠나요.
사람 사는 세상, 시끄러운 일도 많은데
당신에게 볶아치는 사람은 껄끄러운 발란에
당신을 미워하지 않기 위해 화풀이 하는
마음의 철벽 성 쌓는 것일 수도 있습니다.
가만 듣고 있지만 마십시오.
덩치 크게 이해시키십시오.
머리의 혼돈 흔들어 대는 그에게
헷갈리지 않는 묘약 사그라들도록 녹이십시오.

따르시고 거절하세요

내 마음을 따르실 줄 아시나요.
당신이 가득 채우고 있던 잠재웠던
그 마음을 따르세요.
몰랐습니다.
몰라서 그 마음을 알 수 없었습니다.
너무 늦었다고 말씀드리고 싶은데
당신의 허무해지는 분위기를 차마
앞에서 읽기 불편해 솔직하기 어렵네요.
진작에 그 마음을 따르시고,
좋은 것, 싫은 것이 분명하셨다면
지금처럼 복잡해지지 않았을 거예요.
그 마음을
따르시고, 좋은 것은 만족하고
싫은 것은 당장 거절하세요.
몰아치듯 웃어젖히면 다 알기 어렵죠.

지독하시군요

대단하십니다.
악착스럽게 느껴집니다.
차지게 처박혀서 누굴 야단치십니까.
아니 되옵니다. 당신이
미치고 팔딱거려 숨소리 외쳐대는 동안
다시는 당신과는 함께하지 않을지 모를
마음에 다짐하는 그 사람 어쩌려고.
상대는. 어찌됐든 당하고 있다고
처연한 마음으로 아플 테니까요.
다스려지지 않는, 도대체 이해안가는
누구를 향해 지독하시군요.
깜짝 깨무는 기분은 상대가 더했겠지요.
지독하지 마세요.
그 사람을 지워버릴 생각하지 않을 것이면.
다시 만나고 싶은 사람으로 남으면 어쩌시려고.

그 마음을 따르시고
좋은 것은 만족하고
싫은 것은 당장 거절하세요.
몰아치듯 웃어젖히면 다 알기 어렵죠!

이해하기 까지

불빛들이 모여들면 공간은 커지고
친한 사람들의 마음은 있기나 없기나 한 모습.
다 보여 가며 서로의 마음을 풀어 놓습니다.
전등불의 묘미는 작은 마음까지 커지게
하는 뒤안길의 생각들을 모읍니다.
참 다정하시네요.
내내 간직만 해온 긴 마음자락들.
천년을 살 수 있다면 그렇게 하세요.
잔뜩 야속한 마음 어제 가득했는데
생각해보면, 이렇게나마 마주 앉을 수
있는 것도 아련한 환희입니다.
당신과 재미있게 얘기하니 얼마나 좋은지.
당신과 보드라운 푸딩 앞에 놓고 팔을 저으며
온화한 얘기 할 수 있어 행복합니다.
이해하기 까지 오래 걸려도,
이해하지 않고도 그냥 마음이 가벼워집니다.

아무튼 감당하세요

열어보겠습니다.
열리는지요.
열쇠로 잠그지 않았습니다.
이 거리에 나오기까지 저는 이런 행동을 했지요.
옷을 여러 번 갈아입었고, 그리고
조금 무난한 표정을 보이려고 눈끝을 조금 올렸어요.
차라리 조금 더 쉬운 모습이면 좋았을 텐데요.
우리 자주 만날 사이인데,
<조금만 당신을 위해 치장해도 되는
조금만 당신을 위해 미운구석 다듬어도 되는.
모르셨는지요,
제가 엄청 치장을 드렸다고요. 잘 보이려고
아주 잘 보이고 싶어서요, 당신에게서.
다 예쁠 수 없어서 지나치듯 신경 썼지요.>
진정 원했습니다.
너무 원해서 이래도 되는가 생각할 정도였습니다.
나른하게 돋보여 봅니다. 참 좋아서요, 떨리는데요.

언제까지 떨릴까요.........
내가 생각한 사람의 마음에 들기까지
당신도 그러셨다는 것을 왜 저인들 모르겠어요.
아무튼 내 노력 감당하셔야 해요.

실핏줄보이며, 모른 체

고집스럽게 그리고 아주 당돌하게
네, 내 아픔이 너무 커서 당신의 아픔을
알면서도 돌볼 겨를이 없었습니다.
내 앞에서 별안간 우산을 펼치는 사람으로
깜짝 놀랐습니다.
빗물에 나뭇잎이 몽글몽글 물방울이 흐르듯
짙어진 잎새들은 그 물을 그대로 담는 듯.
사람 사는 일입니다. 흐르기도 남겨지기도.
비는 일년 내내 내리지 않습니다.
바싹 말라 걷는 내 발길이 나른합니다.
숨 막히게 힘들 때도 나의 뒷모습을
보이기 싫어 앞서 걷는 일은 안했습니다.
새겨진 마음의 잡념 나 혼자 알려고요.
실핏줄 날 서듯 도드라지는데 다이어트 한
내 팔의 흔들림처럼 여실히 떨리네요.
그때, 당신을 먼저 생각했다는 이 마음을 알고나 계세요.

앙드레지드의 좁은 문

눈 내리깔고 서있습니다.
고개도 돌리지 않습니다.
내가 좋아서 시작한 내 인생의 길도 아니었고
우연히 주어진 내 삶의 행로였습니다.
나와 어울린다고 생각한 방향이기 보다
주어진 길이기에 하던 일 계속 했습니다.
다시 읽습니다.
앙드레지드의 좁은 문, 어렵습니다.
재물을 바치지도, 성스런 떡밥을 올리지도
그렇다고 내일을 억수로 준비하지도 않습니다.
오늘을 보내는 일을 했을 뿐입니다.
네, 잘 살아야죠. 완연하게 화살 쏩니다.
부러운 사람은 없습니다.
당연히 서둘지 않고 여기까지 왔습니다.
신기하게도 좁은 문이 넓어집니다.

괜찮은 것처럼

아니요. 정말 상관없습니다.
물론 아무렇지도 않아요.
사람이 그저 살다보면 쑤그러지는 일
어찌 그 삶에만 있겠습니까.
당신의 인생에도 누구나의 인생에도
엄청 살얼음판처럼 알싸했지요.
뭐 어때요, 누가 쳐다보면서 말하거든
"당신이 더 애처로울 수도 있어" 하세요.
가던 길 가다보니, 마음과 다르던 살아가는 일.
가리워진 도시 사이로 보이는 진한 무늬의
담벼락은 누구의 허락도 없이 마냥 화려한가.
무슨 마음을 보이려고 이리도 기똥차게 싸맸나.
정말 좋아 보이는구나. 진정 좋아 보이는구나.
저 길모퉁이에서 등을 돌려도 시려오는데,
내 심정 보이지 않으려한 것이 아니라
숨결 모으며 잘 살아내려고 최고조로 침묵하며
마음 다스리고 있었다고요. 사람마음이 그렇죠.

괜찮은 것처럼, 괜찮아도 되는 것처럼
그런데 당신 눈에는 그리 보이지 않았나 봐요.
그게 문제에요 내 갈길 쓸데없이 참견마시죠.

들꽃도 들여다 봐

동그란 물 엉덩이에 너는 예쁘게
그 부리로 물을 먹고 있구나.
한때 너를 향해 평화의 상징이라고
그리도 환호했던 사람들이
이제는 너를 향해 구박을 하고 있어도
살길 찾아 그리 초연히 물을 마시고
쫑긋 지치지도 않구나. 들꽃도 들여다 봐.
그래 말이야, 지칠 틈이 어디 있겠니.
원래가 어려움을 겪은 살아가는 일은
지금 그렇게 할 일을 하면 되는 거야.
또 알겠니, 언젠가 언젠가 말야
너가 아주 귀한 대접을 받을 수 있을지.
벨기에의 경주처럼 엄청나게.
믿기 어려우나 기다리며 다시 또.
지금 그렇게 물을 마시는 일은 중요해.

잠자는 숲속의 뚱보처럼

아무것으로나 행복하시길
아무것으로도 행복하시면 됩니다.
그 어느 것으로도 아프지 아니한
그 어느 것으로도 허전하지 않는
지금 다시 행복하시면 되옵니다.
잠자는 숲속의 뚱보가 되어
한숨 푹 자고 일어났습니다.
말 분쟁으로 아팠던 마음 다 잊어내고
괘씸하여 마음 덜어내기 힘든 것도
숨소리 아껴내며 품어버렸습니다.
사랑한다고 말했던 그 사람의
마음을 나는 언제부터 알았을까요.
당신이 내 마음을 책임질
필요는 없습니다.
그대로 그렇게 깊은 뜻을 이해하려고요.
꽃들이 달래러 오면 나는 어쩐다지요.

새벽에 내리는 비

빗방울이 나뭇잎에 떨어질 때
아무렇지도 않은 '그쯤이야'라고
생각하지도 마라.
견디느라 나뭇잎들이 이파리 힘주고 있다.
하루를 보내는 일이, 살아가는 일이
내 맘처럼 안 되는 것이 어찌 당신의
시간표들뿐이겠는가.
나는 이만큼 잘났다고, 잘났노라고
해도 그 정도인 인생
누가 그러시더라. 곧 괜찮아진다고.
빗물이 도랑에 차니 스미지도 않구나.
문을 열고 밤새 내린 빗소리를
그제야 들었다. 비는 소리를 내는구나.
모르는 소리 마시라.
빗소리처럼 열어야 내 마음 들립니다.

내가 할 수 있던 것

그만큼만 할 수 있었습니다.
사실은 그만큼도 힘 부치기도 했죠.
아쉬움과 미안함을 접어들고
다시 또 해줄 수 있는 날이 있을 거라고.
사랑은 말이죠.
더 해주지 못해서, 아니 다 총망라해서
더 하려했으나 지금은 그 정도까지만.
사랑은 말이죠.
어떤 것으로라도 무진장 많이 감싸주고
싶은 그 마음이 발동하는 것입니다.
마음 살펴보세요.
내가 한 사람을 향해 그런 마음이
있는지 자세히 들여다보세요.
부족한 것에 아쉽고 아쉬워
기회를 적어놓으며 날들을 세는 것.
내가 할 수 있는 것이 그것뿐이지만, 언젠가는.

기억에도 없는 사연

<그동안 생각했습니다.
그대 마음처럼 뒤척이거든, 내버려 두세요.
당신께서 당신을 아끼세요.>
초록빛 나무들은 처연하듯 생생하듯 나뭇가지
내려뜨려 단아한 거리를 바라봅니다.
나무 잎새에 가려진 가로등이 푸른빛으로
지나간 사연을 말하는 듯도 합니다. 글쎄요.
한때 연애라고 말했던 사랑을 꺼내드는데
사랑이 아니고 내가 힘들어 필요했을 뿐이라고
손 내젓습니다. 사랑이라니, 허허롭기도 하죠.
그토록 원한 것을 가졌는데 내가 바라던 것이
아니기도 하죠.
그토록 원한 것을 가까이 가졌는데 이제 신경 쓰지
않아도 되니 그것으로 됐지요.
당신은 어떠신가요.

결국 자신입니다

나는 그것이 하루하루라고 말합니다.
커다란 삶에도 조악한 생활에도
신경줄 헤매는 기쁨과 설움 있거늘,
눈물 그렁한 화들짝 웃는 당신께서도
누가 다 자기 마음 소리치겠습니까.
그저 들리는 소리는 조금 내비친 것뿐인데
엄살이라니요, 어처구니 없이 그리 그대로
실핏줄처럼 애쓰고 애썼던 삶의 형태.
알지요, 어찌됐건 살기 위해 다들
저마다 애타게 부지런합니다.
산다는 것은 우리가 살아간다는 것은
내가 내 마음 잘 이기는 것뿐.
내가 웃으면 당신도 웃어주실래요,
파르르 머금던 마음 이제 진정되어갑니다.

관조하듯 말하리라

살아보니 삶은 쉬운 것이 아니더군.
살아보니 삶은 내 마음대로 되는 것이 아니더군.
살아보니 삶은 무조건 태어나고 싶은 것만도 아니지.
살아보니 인생은 이상보다 만족으로 살아야 되는 것.
살다가 너무 마음 닳아가며 살았다 생각하거든,
살다가 그래서 길게 봐야 한다는 것을 알게 되거든.
그리하여 사는 동안 내가 내게 지금까지 배운 것은
더 살아봐야 한다. 더 살아봐라 살아보시라 한다.
사는 동안 인생을 채근 한들 무엇 하겠는가.
인생에 무슨 답이야. 다른 마음 투성이.
오늘 살아보고 얘기해 줄게.
확답은 있는가. 내일 살아보고 얘기하련다.
살아가는 동안 이고지고는 결국엔 내려놓고 싶어지더라.
당신도 오래도록 인생이야기 내게 들려주시라.
그리고 '언제를 가장 사랑했는지' 고요히 들려주시라.

인생의 비밀

사랑해서 가질 수 있는 것.
사랑해도 가질 수 없는 것.
한사코 산다는 것이 무진장 좋은 것이라 해도
살아가는 일이 기차게 행복하다해도 우리네 인생
다 같은듯 다른듯, 마찬가지라는 뜻입니다.
생긋 웃다가 가끔 우울하기도 다시 유쾌해집니다.
누가 가르쳐 주지 않아도 나이가 드니 겨우
조금씩 알더이다.
나는 아주 젊은 날에는 이것보다 더 근사하게
살줄 알았다고 하며 희희덕 느긋해집니다.
인생의 비밀 있습니까.
뒤척이는 삶의 대단한 끄나풀.
사랑해도 내 것이 아닌 것
사랑해서 결국 내 것이 된 것
당신을 위해 사십시오. 그것이 잘하는 것일 겁니다.

그 사람을 기다리는 동안, 참으로 긴 생각을 하죠.

물 따라 흐르는 시간 속에는

기다림만큼 아득한 마음의 심연 돌출한다나.